ORIGAMI PET PARK

자르지 않고 한 장으로 접는
종이접기 동물원

후지모토 무네지 저 김현영 역

WELCOME

종이접기 동물원에 오신 걸 환영합니다!

어서 오세요!

이곳은 종이로 만든 동물들이 모여 사는 곳입니다.

무서운 늑대와 사자, 엄청 큰 코끼리와 기린도 있지만,

모두 손바닥에 올려놓을 수 있을 만큼 작고 귀엽답니다.

동물들은 모두 6구역에 나뉘어 있습니다.

동물원 안쪽에는 마음에 드는 동물을

마음껏 만들 수 있는 종이접기 공장도 있지요.

자, 지금부터 종이접기 동물원을 둘러보세요.

그리고 여러분의 솜씨로 이 공원을 멋지게 채워주세요.

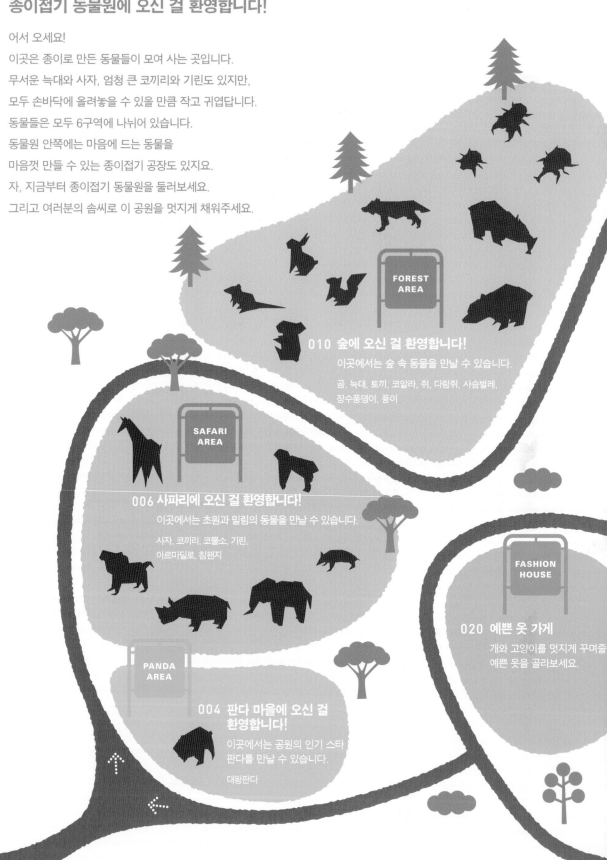

FOREST AREA

010 숲에 오신 걸 환영합니다!

이곳에서는 숲 속 동물을 만날 수 있습니다.

곰, 늑대, 토끼, 코알라, 쥐, 다람쥐, 사슴벌레,
장수풍뎅이, 풍이

SAFARI AREA

006 사파리에 오신 걸 환영합니다!

이곳에서는 초원과 밀림의 동물을 만날 수 있습니다.

사자, 코끼리, 코뿔소, 기린,
아르마딜로, 침팬지

FASHION HOUSE

020 예쁜 옷 가게

개와 고양이를 멋지게 꾸며줄
예쁜 옷을 골라보세요.

PANDA AREA

004 판다 마을에 오신 걸 환영합니다!

이곳에서는 공원의 인기 스타
판다를 만날 수 있습니다.

대왕판다

PARK MAP & CONTENTS

COOL AREA

014 극지방에 오신 걸 환영합니다!

이곳에서는 남극과 북극에 사는 동물을
만날 수 있습니다.

북극곰, 펭귄

016 물가에 오신 걸 환영합니다!

이곳에서는 물에 사는 동물을 만날
수 있습니다.

거위, 거북이, 개구리, 가재

WATER AREA

FRIEND AREA

018 애완동물 세상에 오신 걸 환영합니다!

이곳에서는 귀여운 개와 고양이를 만날 수 있습
니다.

치와와, 미니어처 닥스훈트, 토이푸들, 테리어,
보더콜리, 고양이, 미니어처 돼지

ORIGAMI PET FACTORY

023 종이접기 동물 공장

동물원에 사는 동물들을 직접
만들어보세요.
만드는 과정을 자세히 알려 드립니다.

판다 가족이 모두 모여
좋아하는 대나무 잎을
먹고 있어요.

PANDA AREA

판다 마을에 오신 걸 환영합니다!

〈전시동물〉

대왕판다

공원의 최고 인기 스타, 판다를 만나보세요.

대왕판다(부모) / 몸길이 : 약 9cm(24cm)
대왕판다(첫째) / 몸길이 : 약 6cm(17.5cm)
대왕판다(둘째) / 몸길이 : 약 5.5cm(15cm)

( ) 안은 사용한 종이의 크기입니다.

대왕판다

판다는 타이어를
가지고 노는 걸
좋아해요!

다음 코스 ┅┅┅┅▷

코끼리

사자

육식동물과
초식동물이 사이좋게
오순도순.

초원과 밀림의 동물을 만나보세요.

사자 / 몸길이 약 9cm(24cm 양면종이)
코끼리(어미) / 몸길이 약 10.5cm(24cm), 코끼리(새끼) / 몸길이 약 7cm(17.5cm)
코뿔소(어미) / 몸길이 약 12.5cm(24cm), 코뿔소(새끼) / 몸길이 약 8.5cm(17.5cm)
기린(어미) / 몸높이 약 15.5cm(35cm), 기린(새끼) / 몸높이 약 8cm(17.5cm)

( ) 안은 사용한 종이의 크기입니다.

코뿔소

기린

늘 힘겨루기에 바쁜
코뿔소와 사자.

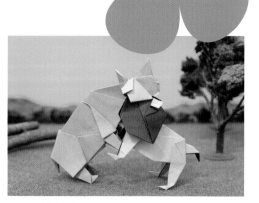

다음 코스 ⋯⋯⋯⟫

아르마딜로

이 공원에는 아르마딜로의
천적이 없어서
몸을 둥글게
말아 방어할 일이
없답니다.

SAFARI AREA

사파리에 오신 걸 환영합니다!

〈전시동물〉

아르마딜로, 침팬지

초원과 밀림의 동물을 만나보세요.

아르마딜로 / 몸길이 약 8cm（15cm）
침팬지 / 몸길이 약 7.5cm（24cm 양면종이）

（ ） 안은 사용한 종이의 크기입니다.

침팬지

재간둥이 침팬지는
공원을 찾는 손님들에게
온갖 재주를 보여주지요.

다음 코스

연어를 입에 문 곰

곰

곰은 강을 거슬러
올라가는 연어를
참 좋아해요.

**FOREST
AREA**

숲에 오신 걸 환영합니다!

〈전시동물〉

곰, 늑대, 토끼

숲 속 동물을 만나보세요.

곰 / 몸길이 약 11cm(24cm)
연어를 입에 문 곰 / 몸길이 약 12cm(35cm)
늑대 / 몸길이 약 11cm(24cm)
토끼 / 몸높이 약 5.5cm(15cm)

( ) 안은 사용한 종이의 크기입니다.

늑대

이곳에서는
늑대와 토끼도
사이좋게 지내요.

ウサギ
토끼

다음 코스 ••••••

코알라

코알라 모자는
언제나 느긋하게
나무 위에서 쿨쿨.

쥐

FOREST AREA

숲에 오신 걸 환영합니다!

〈전시동물〉

코알라, 쥐, 다람쥐,
사슴벌레, 장수풍뎅이, 풍이

숲 속 동물을 만나보세요.

코알라(어미) / 몸길이 약 6.5cm(15cm)

코알라(새끼) / 몸길이 약 4.5cm(10cm)

쥐 / 몸길이 약 11.5cm(15cm)

다람쥐 / 몸높이 약 6.5cm(15cm)

사슴벌레 / 몸길이 약 7cm(15cm)

장수풍뎅이 / 몸길이 약 7cm(15cm)

풍이 / 몸길이 약 3.7cm(10cm)

( ) 안은 사용한 종이의 크기입니다.

우리, 이 도토리
나눠 먹을래?

다람쥐

숲 속 나무에는
귀여운 벌레들도
살아요.

사슴벌레

장수풍뎅이

풍이

다음 코스

북극의 북극곰과
남극의 펭귄은 둘도 없는
친구가 되었어요.

북극곰

COOL AREA

극지방에 오신 걸 환영합니다!

〈전시동물〉

북극곰, 펭귄

극지방의 동물을 만나보세요.

북극곰(어미) / 몸길이 약 11cm(24cm)
북극곰(새끼) / 몸길이 약 8.5cm(17.5cm)
펭귄 / 몸길이 약 7.5cm(15cm)

( ) 안은 사용한 종이의 크기입니다.

물고기가 가까이
오기만을 기다리고
있어요.

펭귄

다음 코스

거위

거북이

개구리

가재

물가에는 다양한
생물이 모여 산답니다.

물가 생물을 만나보세요.

거위 / 몸길이 약 8.5cm(15cm)
거북이 / 몸길이 약 8.5cm(24cm 양면종이)
개구리 / 몸길이 약 7.5cm(15cm)
가재 / 몸높이 약 8.5cm(17.5cm)

( ) 안은 사용한 종이의 크기입니다.

모두 모여서
개굴개굴
합창 시작!

다음 코스 ....▸▸▸

이번엔 누가 찾아올까?
궁금해 하는
애완동물 친구들!

토이푸들

고양이

미니어처 돼지

보더콜리

테리어

치와와

귀여운 애완동물들을 만나보세요.

치와와 / 몸길이 약 6cm(15cm)
미니어처 닥스훈트 / 몸길이 약 6.5cm(15cm)
테리어 / 몸길이 약 6cm(15cm)
토이푸들 / 몸높이 약 6cm(15cm)
보더콜리 / 몸길이 약 7.5cm(15cm)
고양이 / 몸길이 약 6cm(15cm)
미니어처 돼지 / 몸길이 약 8cm(15cm)

( ) 안은 사용한 종이의 크기입니다.

치와와 대장님이
말씀하신다.
모두 조용!

미니어처 닥스훈트

숲에 사는 쥐가
고양이한테
놀러 왔네요?

 다음 코스 ••••▸

ORIGAMI PET
FASHION SHOW

Border-A   Logo

Border-B   Floral

Dot   Check

애완동물 세상에 사는 개와 고양이에게
아주 잘 어울리는 예쁜 옷이 진열되어 있어요.
15cm 종이로 접은 개와 고양이에게 입혀주세요.

FASHION HOUSE

예쁜 옷 가게

개와 고양이의
옷을 골라보세요.

FASHION HOUSE

의상실

Border-A

Border-B

Check

Dot

Logo

Floral

옷 입히는 방법

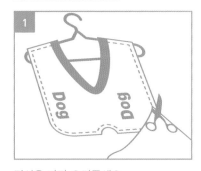

점선을 따라 오려주세요.

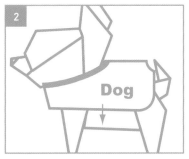

옷을 반으로 접어 등을 덮어요.

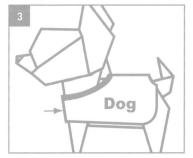

남는 부분을 접어 넣으면 완성!

부모님께! 　어린아이가 가위질할 때는 반드시 옆에서 안전한지 확인해 주세요.

ORIGAMI PET FACTORY

종이접기 동물 공장에 오신 걸 환영합니다!
이곳에서는 원하는 동물을
직접 접어볼 수 있습니다.
처음에는 좀 어렵게 느껴지겠지만,
포기하지 말고 끝까지 완성해 보세요.
멋지게 탄생한 동물은 아주 귀여울 거예요.
자, 책장을 넘기고 도전~!

ORIGAMI PET FACTORY

종이접기 동물 공장

동물을 접기 전에 먼저 접기의 기본부터 알아볼까요?

접기 기호

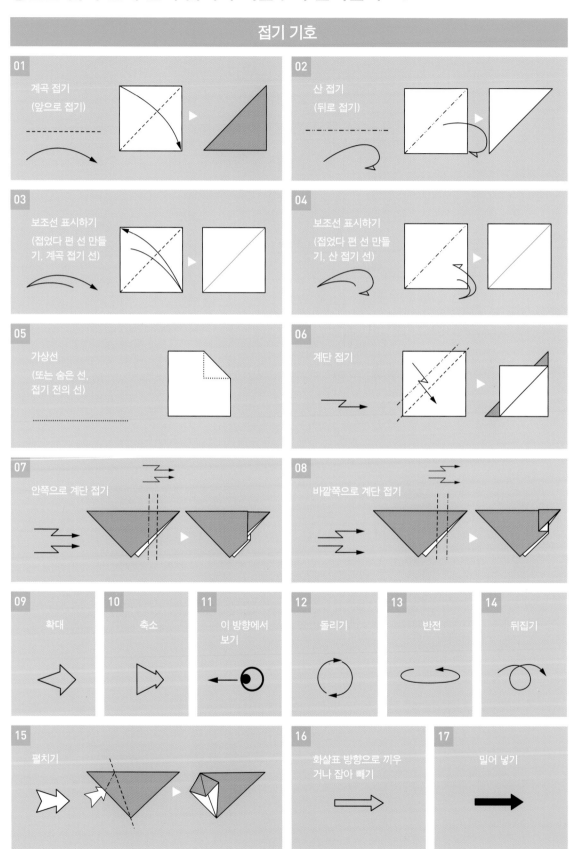

01
계곡 접기
(앞으로 접기)

02
산 접기
(뒤로 접기)

03
보조선 표시하기
(접었다 편 선 만들기, 계곡 접기 선)

04
보조선 표시하기
(접었다 편 선 만들기, 산 접기 선)

05
가상선
(또는 숨은 선,
접기 전의 선)

06
계단 접기

07
안쪽으로 계단 접기

08
바깥쪽으로 계단 접기

09
확대

10
축소

11
이 방향에서
보기

12
돌리기

13
반전

14
뒤집기

15
펼치기

16
화살표 방향으로 끼우
거나 잡아 빼기

17
밀어 넣기

종이접기 동물 공장에서 자주 쓰는 방법

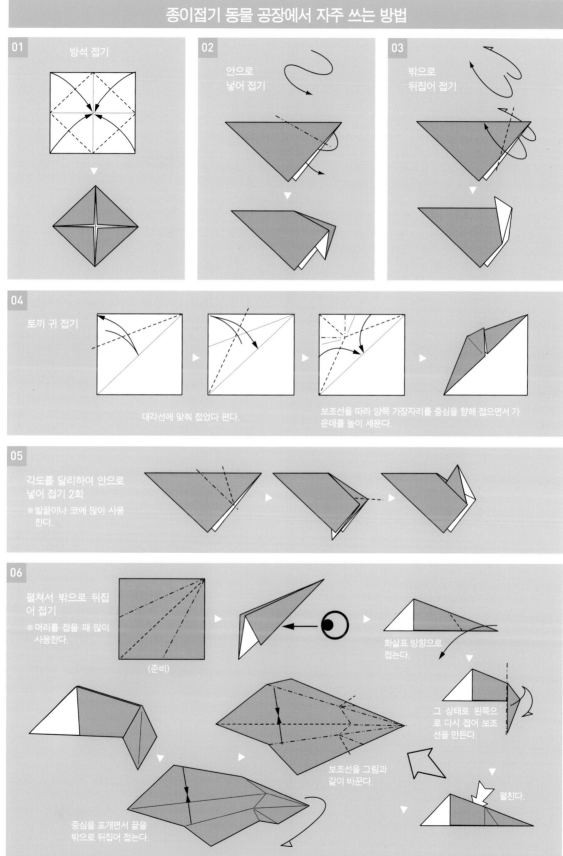

01 방석 접기

02 안으로 넣어 접기

03 밖으로 뒤집어 접기

04 토끼 귀 접기

대각선에 맞춰 접었다 편다.

보조선을 따라 양쪽 가장자리를 중심을 향해 접으면서 가운데를 높이 세운다.

05 각도를 달리하여 안으로 넣어 접기 2회
※ 발끝이나 코에 많이 사용한다.

06 펼쳐서 밖으로 뒤집어 접기
※ 머리를 접을 때 많이 사용한다.

(준비)

화살표 방향으로 접는다.

그 상태로 왼쪽으로 다시 접어 보조선을 만든다.

보조선을 그림과 같이 바꾼다.

펼친다.

중심을 포개면서 끝을 밖으로 뒤집어 접는다.

CHIHUAHUA

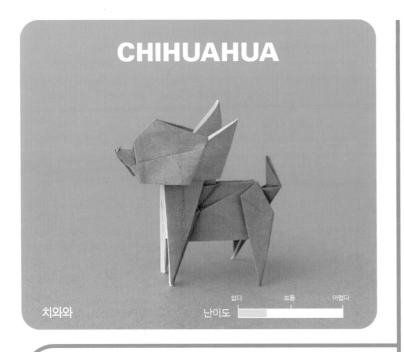

치와와

난이도 쉽다 보통 어렵다

난이도가 낮은 치와와 부터 시작해 보세요!!

치와와는 동물 종이접기에서 쉬운 편에 속합니다. 다른 동물의 종이접기와 겹치는 과정이 많으므로 먼저 치와와의 접기부터 제대로 익혀보세요.

시작

개의 기본 틀

1 반으로 접는다.

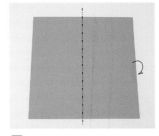

2

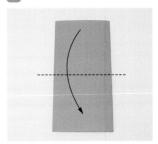

3 맨 위의 한 장만 접는다.

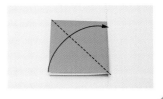

---

6 보조선을 만든다.

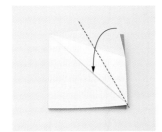

5 선을 만든 후 펼친다.

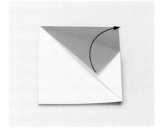

토끼 귀 접기를 한다.

7 보조선을 만든 후 펼친다.

4 보조선을 만든다.

확대

---

8 보조선을 따라 양쪽 가장자리를 중심에 맞춰 접으면서 가운데를 세워 토끼 귀 접기를 한다.

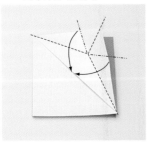

9 토끼 귀 접기는 그대로 둔 채 나머지 부분만 펼친다.

축소

10 남은 세 곳도 마찬가지로 토끼 귀 접기를 한다.

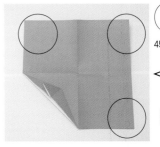

45° 돌리기

확대

다음 페이지로→

14 중심에 맞춰 반으로 접는다.

15 다시 반으로 접는다.

개의 기본 틀 완성!!

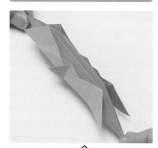

△ 축소

13 반대쪽도 마찬가지로 접는다.

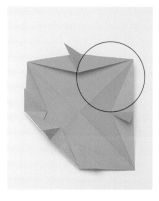

16 반대쪽도 마찬가지로 접는다.

20 남은 세 곳도 마찬가지로 접는다.

17 ○에 안으로 들어가 있는 부분을 밖으로 잡아 뺀다.

잡아 빼기

▽ 확대

19 깨끗하게 눌러 접어서 되돌린다.

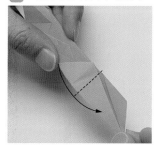

12 4 ~ 8 과 같이 토끼 귀 접기를 한다.

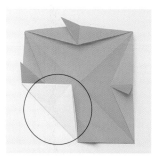

17 - 2

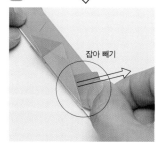

잡아 빼기

18 - 3

잡아 빼기

11 네 군데의 토끼 귀 접기 완성. 완성된 모서리를 중심에 맞춰 접는다.

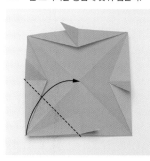

18 A를 그림의 선에 맞춰 접으면서 동시에 B를 접는다.

A

이곳이 직각이 되도록

B

18 - 2

잡아 빼기

21

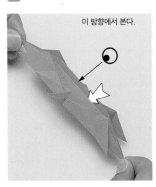

이 방향에서 본다.

22 가운데의 좌우 두 곳을 양손으로 잡고서 펼친다.

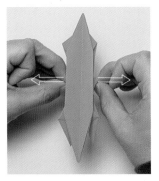

23 A와 B가 옆에서 보았을 때 90°가 되도록 중심을 향해 모아 접는다.

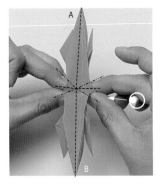

24 양손으로 집은 부분을 아래쪽으로 눌러 접는다.

27 D를 벌려서 E를 접어 끼운다.

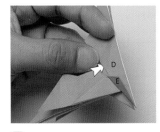

26

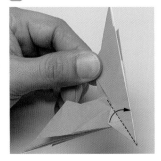

확대 사진

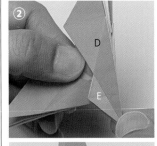

②

①

25 C를 접어 D에 끼운다. E는 그대로 둔다.

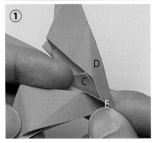

27 - 2

28 반대쪽도 같은 방법으로 접는다.

29 꼬리를 접는다   축소

꼬리   뒷다리   앞다리

확대

30 가운데에 있는 종이를 좌우 어느 한 쪽으로 밀어 놓고 벌린다.

꼬리

뒷다리   뒷다리

잡아당기기

▶

다음 페이지로→

34 뒷다리를 접는다

35 다리의 뒷부분을 안쪽으로 접는다.

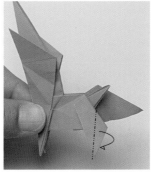

40 보조선 ②를 만든 후 ①과 ②를 다시 편다.

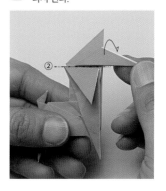

33

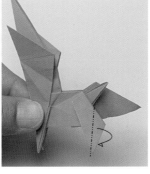

뒷다리 꼬리 뒷다리

36 반대쪽도 같은 방법으로 접는다.

39 보조선 ①을 만든다.

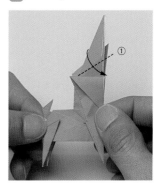

32

뒷다리 뒷다리

꼬리

37 꼬리는 안으로 접어 넣기 한다.

38 머리를 접는다

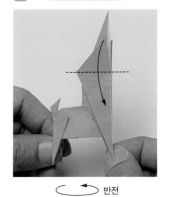

반전

37 - 3 꼬리 완성

31 (가운데 종이는 좌우 어느 한 쪽으로)

꼬리

37 - 2

41 귀가 될 부분을 점선만큼 아래로
내린다.

42 보조선 ③을 만든다.

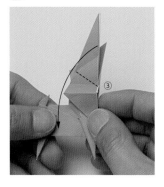

43 보조선 ③을 만들고 다시 편다.

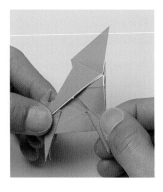

44 반대쪽 귀도 점선만큼 아래쪽으로
내린다.

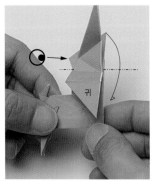

47 선에 맞춰서 밖으로 뒤집어 접는다.

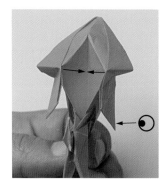

46 보조선을 그림과 같이 바꾼다.

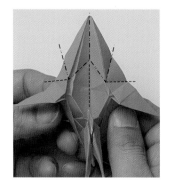

45 - 2 뒤에 손가락을 넣어 밀면 잘
벌어진다.

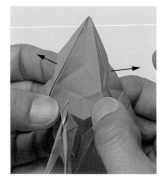

45 한가운데를 벌린다.

48 입이 될 부분은 각도를 달리하여
안쪽으로 계단 접기 한다

얼굴이 길어지지
않도록 주의.

49 안으로 접힌 아랫부분만 잡아 뺀다.

50 산 접기 선을 따라 안쪽으로 접
어 넣는다.

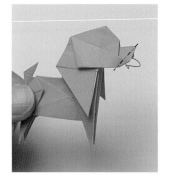

51 코끝은 밖으로 뒤집어 접는다.

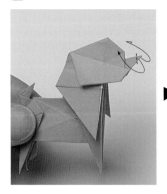

▶

53 - 3

귀를 완성하면

완성

멍멍!

53 - 2

53 안으로 접어 넣어 양쪽 귀의 모양을 잡는다.

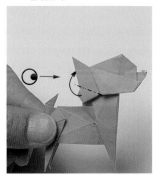

52 얼굴 뒤쪽으로 귀를 세운다 (반대쪽도 세운다).

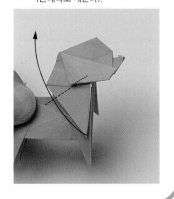

자세를 바꿔보자!!

① 장난치고 싶어하는 모습

 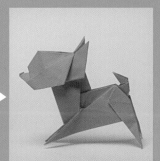

앞발만 축을 중심으로 앞쪽으로 접는다.　　완성

② 앉은 모습

 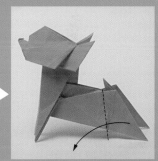

뒷발을 펼쳐 점선을 따라 앞으로 접는다.

완성　　발끝을 안쪽으로 계단 접기 한다.
(반대쪽도 접는다).

MINIATURE DACHSHUND

미니어처 닥스훈트

11번 과정을 생략한 닥스훈트입니다.

난이도 | 쉽다 ─── 보통 ─── 어렵다

미니어처 닥스훈트는 치와와의 **29**번 과정에서 시작하므로 p.26을 참고하세요.

시작

1 꼬리를 접는다.

확대 ▽

2 가운데 한 장을 한 쪽으로 밀어놓고서 벌린다.

3 (가운데 한 장은 좌우 어느 한 쪽으로)

6 아래쪽에서 화살표 방향으로 펼쳐 포개어 접는다.

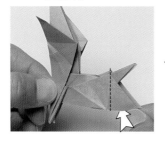

◁ 축소

5 위로 접어 올려 포개어 접는다.

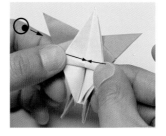

7 위로 펼치면서 마름모꼴로 눌러 접는다.

4 치와와보다 꼬리가 좀 더 길어야 한다.

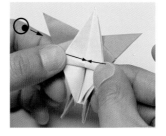

8

9

10 엉덩이를 접은 후 반대쪽 다리도 접는다.

▶

14 목을 비스듬히 접는다.

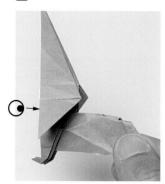

15 가운데 종이를 좌우 어느 한 쪽으로 밀어놓고서 각도를 달리하여 안쪽으로 계단 접기 한다.

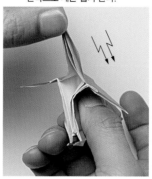

13 점선을 따라 귀를 접어 내린다.

16 각도를 알맞게 조절해서 포개어 접는다.

21 입 끝을 접어 넣어 가늘게 만든다.

12 앞발도 밖으로 뒤집어 접는다(반대쪽도 마찬가지).

17 귀가 될 부분을 접는다(반대쪽도 접는다).

20 안으로 넣어 접기 하여 얼굴 길이를 조절한다.

11 꼬리는 시작 부분에서 밖으로 뒤집어 내려 접는다(생략해도 좋다).

18 화살표 방향으로 펼쳐서 눌러 접는다(반대쪽도 접는다).

19 뒤로 산 접기 한다(반대쪽도 접는다).

TOY POODLE

토이푸들

난이도 쉽다 [⬜⬜⬜] 보통 | 어렵다

토이푸들을 접는 방법은 치와와의 **33**번 과정에서 시작하므로 p.26을 참고하세요(**26**~**28**은 생략).

시작

1 뒷다리를 접는다.

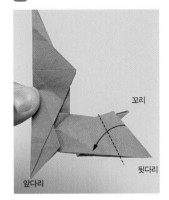

꼬리

뒷다리

앞다리

4 앞다리의 뒷부분을 뒤로 접어 넣는다.

3 반대쪽 뒷다리도 접는다.

2 뒷다리의 뒷부분을 뒤로 접어 넣는다.

5 반대쪽 앞다리도 접는다.

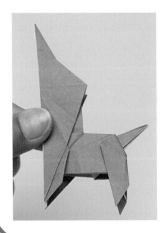

6 귀가 될 부분을 화살표 방향으로 접는다.

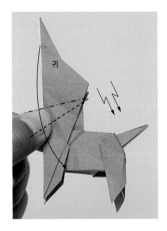

귀

6 - 2 목 부분은 비스듬히 계단 접기를 한다.

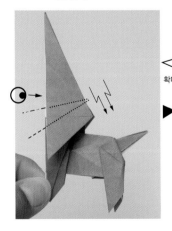

확대

8 보조선에 맞춰 다시 한 번 접어 올린다.

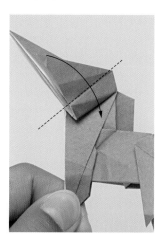

9 화살표 방향으로 펼쳐서 눌러 접는다.

14 코와 얼굴을 짧게 접는 것이 관건!

7 보조선에 맞춰서 접어 올린다.

10 귀의 위아래로 튀어나 온 부분을 접는다.

13 코를 안으로 접어 넣어 길이를 조절한다.

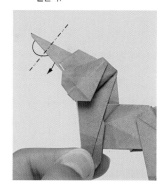

6 - 3 가운데 종이는 좌우 어느 한 쪽으로 밀어놓고 접는다.

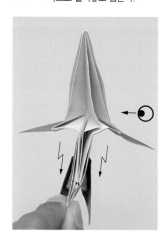

11 반대쪽 귀도 같은 방법으로 접는다.

축소

12 코가 안쪽으로 들어가도록 계단 접기 한다.

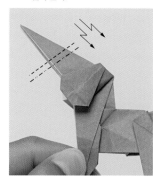

TERRIER

테리어

난이도 쉽다 보통 어렵다

테리어를 접는 방법은 치와와
의 **36**번 과정에서 시작하므
로 p.26을 참고하세요.
※테리어는 색종이를 뒤집어
놓고 접습니다

시작

1 꼬리의 끝을 밖으로 뒤집어 접는다.

2 귀가 될 부분을 밖으로 뒤집어 접
는다(반대쪽도 접는다).

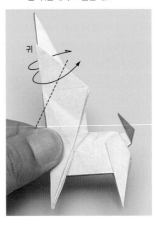

귀

3 화살표 방향으로 한장을 펼친다.

귀

4 펼친 부분을 산 접기 하여 가운데
로 접어 넣는다.

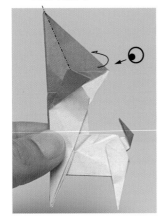

4 -2

5 한쪽이 완성되면 반대쪽도 접는다.

6 얼굴이 될 부분을 밖으로 뒤집어
접는다.

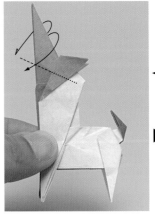

확대

036 ORIGAMI PET PARK

9 코끝을 조금만 밖으로 뒤집어 접는다.

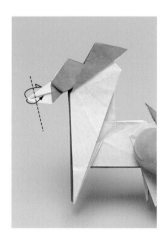

10 입의 아랫부분은 산 접기 하고, 귀의 뒷부분을 안쪽으로 접어 넣는다.

8 계단 접기에서 감춰진 부분의 한 장을 아래로 잡아 뺀다.

11 귀를 접어 내린다(반대쪽도 접는다).

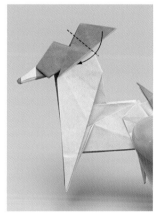

7 입이 안쪽으로 들어가도록 각도를 조금 달리하여 계단 접기를 한다.

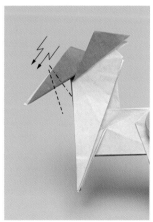

12 양쪽 귀의 각도를 맞춘다.

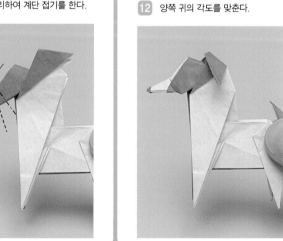

축소 ▷

자세를 바꿔보자!!

다른 자세로 접고 싶을 때는 p.031을 참고하세요.

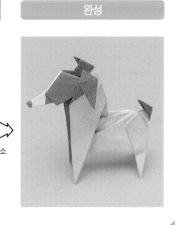

앉아 있는 모습

장난치고 싶어 하는 모습

완성

BORDER COLLIE

보더콜리　　　　　난이도　쉽다　보통　어렵다

보더콜리를 접는 방법은 치와와의 20번 과정에서 시작하므로 p.26을 참고하세요.

p.26을 참고하세요.

시작

1 개의 기본 틀을 벌린다.

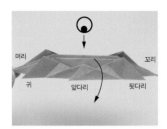

머리　꼬리　귀　앞다리　뒷다리

확대

2 머리가 될 부분을 화살표 방향으로 접는다.

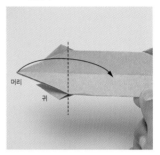

머리　귀

3 귀가 될 부분의 모서리 끝에 맞춰서 다시 접는다.

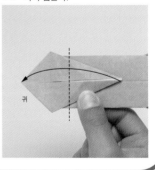

귀

6 코끝을 접어 내린다.

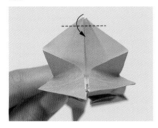

5 화살표 방향으로 양쪽을 펼친다.

7 양옆은 안쪽으로 접어 넣는다.

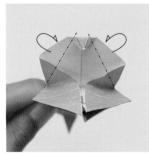

4 앞에서 본다.　90° 돌리기

8 코끝이 너무 커지지 않도록 주의한다.

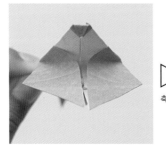

축소

9 반으로 접는다.

10 목에서 머리 부분을 일으켜 세운다(치와와의 22 ~ 24 참고).

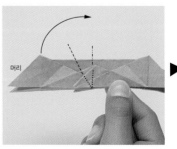

머리

※치와와는 앞뒤가 바뀌어 있습니다.

15 반대쪽도 같은 방법으로 접는다.

14 보조선을 따라 눌러 접는다.

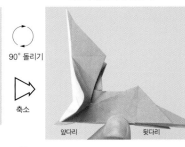

16 다른 방향에서 보면 이런 모습이 되도록 깔끔하게 접는다.

90° 돌리기

축소

앞다리   뒷다리

13 계곡 접기와 산 접기로 그림과 같이 보조선을 만든다.

17 양쪽 뒷다리를 앞으로 접는다.

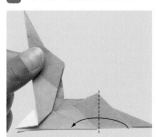

23 균형을 맞춘다.

12 그림에 표시된 부분을 펼친다.

확대

18 꼬리의 시작 부분을 안으로 밀어 넣으면서 일으켜 세운다.

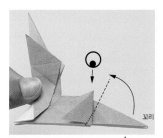

꼬리

22 귀의 위쪽 끝을 앞으로 접어 내린 다(반대쪽도 접는다).

19 위에서 보면 이런 모습이다.

확대

21 귀를 접는다(반대쪽도 접는다).

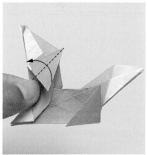

11 A를 B에 끼운다.

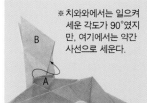

※ 치와와에서는 일으켜 세운 각도가 90°였지 만, 여기에서는 약간 사선으로 세운다.

B

A

축소

20 귀가 될 부분을 아래로 접고, 엉덩이가 될 부 분의 한장을 펼친다.

위에 있는 한 장을 펼친다.

CAT

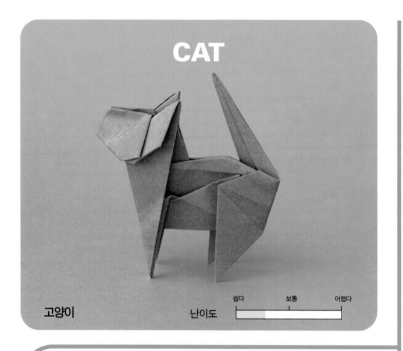

고양이

난이도

쉽다	보통	어렵다

고양이를 접는 방법은 치와와 의 **20**번 과정에서 시작하므 로 p.26을 참고하세요.

시작

1 개의 기본 틀을 벌린다.

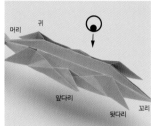

머리 귀

앞다리

뒷다리 꼬리

확대

2 머리가 될 부분을 화살 표 방향으로 접는다.

머리

3 모서리 끝에 맞춰서 다시 접는다.

축소

6 A를 접어서 B에 끼운다.

B

A

7 C를 접어서 B에 끼운다.

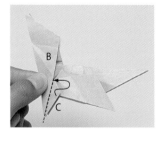

B

C

5 세로 방향으로 반을 접으면서 머리와 목 부분을 일으켜 세운다.

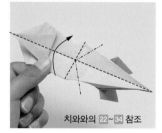

치와와의 **22**~**34** 참조

4 그림과 같이 가운데에서 꼬리까지 (A→B, C→D) 보조선을 만든다.

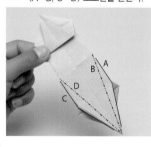

B A
D
C

8 양쪽 뒷다리를 앞으로 접는다.

뒷다리

9 꼬리가 될 부분을 안으로 넣어 접는다.

꼬리

10 꼬리를 접기 위해 보는 방향을 바꾼다.

14 귀의 위쪽 끝이 깔끔하도록 다시
접어 올린다(반대쪽도 접는다).

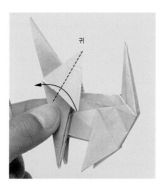
귀

15 양쪽 귀의 앞부분을 안으로
접어 넣는다(반대쪽도 접는다).

13 귀가 될 부분을 먼저 아래쪽으로
접어 내린다(반대쪽도 접는다).

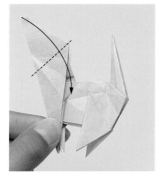

16 보조선을 만든다.

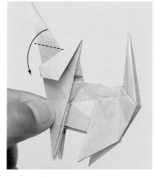

21 전체적으로 균형을 잡는다.

12 반으로 접는다.

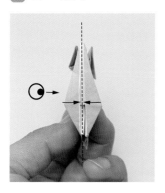

17 확실하게 보조선을 만들고, 가운데
를 펼쳐서 양옆이 귀 밖으로 나오
도록 접는다.

20 귀 아래쪽을 얼굴의 선에 맞춰서
안으로 접어 넣는다.

11 위로 접어 올리면서 마름모꼴
로 눌러 접는다.

18 한가운데를 펼쳐서 비스듬하게
아래로 내려접는다.

19 턱 부분을 안으로 넣어 접어
얼굴 모양을 만든다.

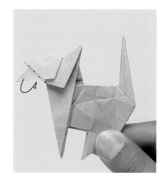

GIANT PANDA

대왕판다

난이도 쉽다 | 보통 | 어렵다

1 가로세로로 보조선을 만든다.

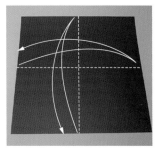

2 모서리를 가운데로 모으는데, 위쪽은 뒤로 접고 아래쪽은 앞으로 접는다.

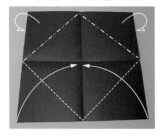

3 아래의 양쪽에 토끼 귀 접기를 한다.

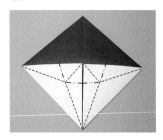

4 보조선을 만든다.

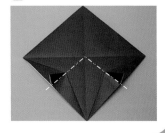

7 코가 될 부분을 조금만 접는다(접는 폭에 따라 얼굴이 달라진다).

확대 사진

6 위쪽 모서리의 각도가 반이 되도록 양쪽을 접는다.

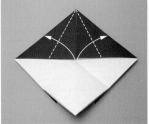

5 보조선을 만든 후 뒤집는다.

8 보조선을 따라 사진과 같이 접는다.

9 위쪽 모서리의 각도가 반이 되도록 접는다(반대쪽도 접는다).

10

확대

90° 돌리기

다음 페이지로 →

14 위로 솟은 부분을 접어 누르면서 그림과 같이 평행을 맞춘다.

두 선이 평행이 되도록

반전

15 11~14와 같이 접는다.

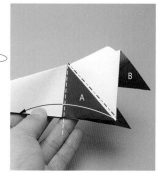

A

B

22 안쪽의 도톰한 가장자리를 따라서 안으로 넣어 접는다.

13 돌리면서 아래쪽에 맞춰 접는다.

B

16 깔끔하게 접는다.

B

21 선을 만든 후 조금 벌린다.

12 B를 왼쪽으로 돌린다.

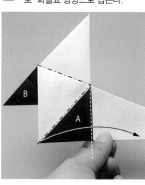

B

17 양쪽 뒷다리가 될 부분을 접는다 (반대쪽도 접는다).

20 꼬리를 가늘게 하기 위해 양쪽에 보조선을 만든다(반대쪽도 접는다).

다른 각도에서 본 모습

11 A의 삼각형을 반전한다는 느낌으로 화살표 방향으로 접는다.

B

A

18 안으로 넣어 접는다.

19 안쪽의 도톰한 가장자리를 따라서 접는다.

23 반대쪽도 같은 방법으로 접는다.

24

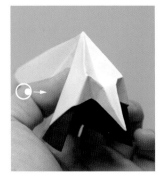

25 꼬리 부분을 안으로 끼워 넣듯이 접는다.

26 다시 비스듬히 위로 올려서 접는다.

27 - 3

27 - 2

27 꼬리가 짧아지도록 안으로 넣어 접는다.

뒤에서 본 모습

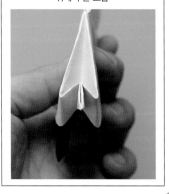

28 앞다리가 될 부분을 접는다.
(반대쪽도 접는다)

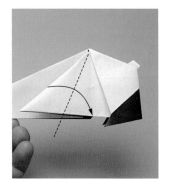

29 발끝을 안으로 넣어 접는다.

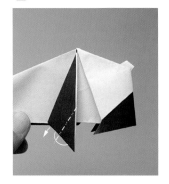

양쪽 모두 검은색 부분을 벌려서 넣어 접는다.

30 몸의 가운데를 펼친다.

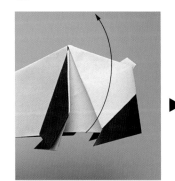

▶

다음 페이지로→

34 맨 위의 한장을 화살표 방향으로 접는다.

접고 나서 이 부분이 직각이 되도록 조절한다.

33   90° 돌리기

32 반대쪽도 같은 방법으로 접는다. 90° 돌리기

31 펼친 몸을 뒤집어 점선을 따라 접어 내린다.

35 양쪽 귀가 될 부분을 뒤로 접는다.

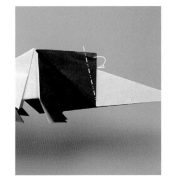

36 위로 튀어나온 부분을 접어 내린다.

37 귀가 될 부분을 펼쳐서 눌러 접는다.

38 반대쪽도 같은 방법으로 접는다.

축소

42 화살표 방향으로 아래에서 위로 접어 올린다.

41 - 2 보조선 부분을 잡고 벌린다.

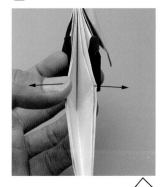

41 위에서 벌린다. 확대

40 코끝이 등의 모서리에 오도록 접는다.

39 얼굴을 접기 위해 먼저 보조선을 만든다.

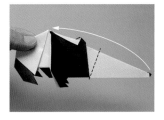

42 (앞의 페이지에 이어서)

43 귀의 아랫부분 점선에 따라 접어 내린다.

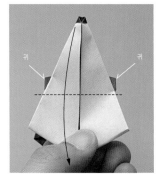

44 코끝을 접어 올린다.

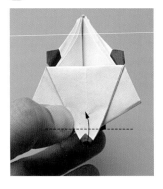

45 위로 펼친다.

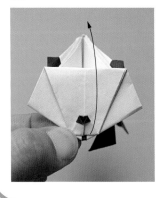

49

48 눌러 접을 때 위아래 종이가 나란하 도록 조절한다.

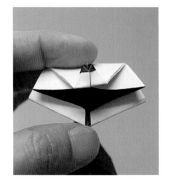

47 펼친 후 다시 위에서 아래로 눌 러 접는다.

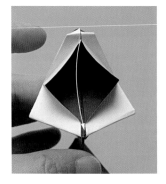

46 앞의 한장을 양쪽으로 펼친다.

50 보조선을 만든다.

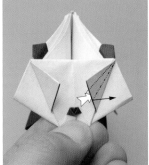

확대

51

52 화살표 방향으로 벌려서 눌 러 접는다.

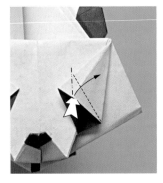

축소

53 얼굴 완성

귀 뒤쪽에서 본다.

확대

반전

90° 돌리기

55 - 3

안쪽 부분은 접은 채로

55 - 4

56 목을 가늘게 만든다.

62 전체적으로 균형을 잡는다

90° 돌리기 축소

57 앞다리를 펼친다.

55 - 2

안쪽 부분

61 종이를 안으로 접어 넣을때 위아
래 종이가 나란하도록 조절한다.

55 두 겹의 접힌 부분에서 안쪽은
그대로 두고 바깥쪽만 되돌린다.

58 화살표 방향으로 접어 올린다.

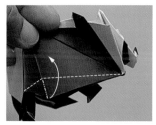

60 - 2

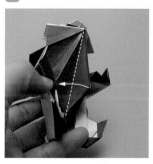

59 접힌 그대로 되접고 반대쪽도
접는다.

확대

90° 돌리기

54 얼굴의 뒷부분을 점선을 따라 접는다.

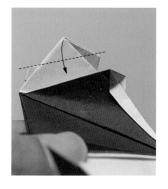

축소

60 배 부분의 한 장은
그림의 선을 따라
접는다.

BEAR

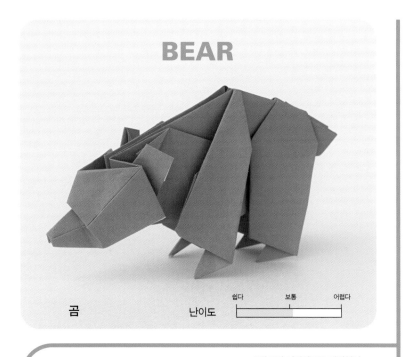

곰

난이도

쉽다		보통		어렵다

곰을 접는 방법은 치와와의 10번 과정에서 시작하므로 p.26을 참고하세요.

시작

1 반으로 접는다.

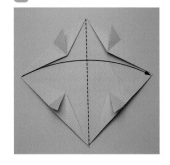

2 토끼 귀 접기를 한다(반대쪽도 접는다).

3

6 계단 접기를 한다.

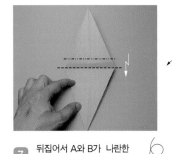

5 A와 B가 나란하도록 뒤집어서 계단 접기를 한다.

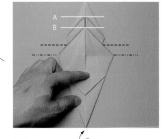

7 뒤집어서 A와 B가 나란한지 확인한다.

4 뒤집는다.

8 뒤집어서 반으로 접는다.

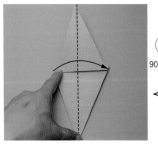

90° 돌리기

확대

9 양쪽의 앞다리가 될 부분을 접는다.

10 표시된 부분을 뒤집기 위해 먼저 화살표 방향으로 펼친다.

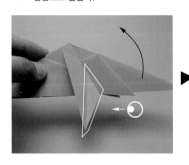

다음 페이지로→

14 접은 모습

13 보조선에 맞춰서 접는다.

12 그림과 같이 보조선을 바꾼다.

11 펼친다.

확대

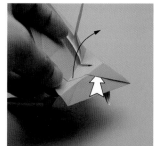

15 다른 한쪽도 같은 방법으로 접는다.

16 반으로 접는다.

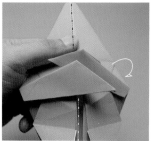

17 뒷다리와 꼬리 부분을 일으켜 세운다. 치와와의 22~24참고

축소

90° 돌리기

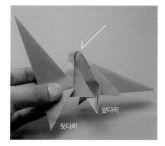
뒷다리   앞다리

18 세울 때 앞다리 부분을 펼쳐서 끝까지 접어준다.

앞다리
뒷다리

19 A를 B에 끼우듯이 A를 되돌린다.

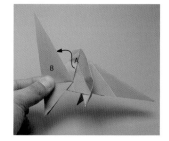
B   A

22 가운데에 있는 종이를 좌우 어느 한 쪽으로 밀어놓고 벌린다.

21 보는 방향을 바꾼다.

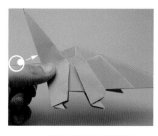

20-2 반대쪽 앞다리와 뒷다리도 같은 방법으로 접는다.

20 A와 B를 뒤로 접어 넣는다. 발끝은 각도를 달리하여 안으로 두 번 넣어 접기 한다.

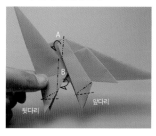
A
B
뒷다리   앞다리

19-2

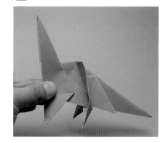

22 (앞 페이지에 이어서)
가운데에 있는 종이를 좌우 어느
한 쪽으로 밀어놓고 벌린다.

23 안으로 넣어 접기 2회의 방법으로
접어 내린다.

종이가 이쪽으로
밀어져 있음

24 꼬리를 안으로 집어 넣어 짧게
만든다.

25

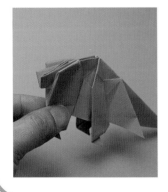

30 펼친 후 사진과 같이 보조선을
만든다.

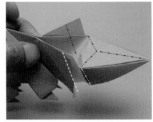

확대

29 머리 부분을 펼쳐 밖으로 뒤집어
접는다.

이 부분이 잘 맞도
록 접는다.

28 펼쳐서 눌러 접는다.

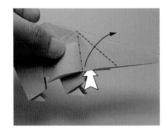

27

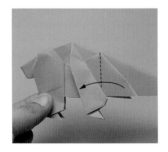

26 엉덩이 부분을 뒤로 접는다
(반대쪽도 접는다).

30 - 2

31 입 부분은 각도를 달리하여 안으
로 넣어 접기 2회를 한다.

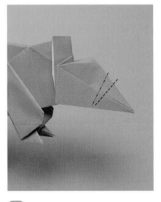

32 코끝은 안으로 넣어 접는다.

33 귀를 정돈하기 위해 먼저 펼친다.

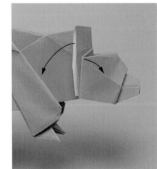

확대

36 전체적으로 균형을 잡는다.

35 귀가 너무 튀어나오지 않도록 조절한다.

축소

34 선을 따라 눌러 접는다(반대쪽도 접는다).

BEAR+SALMON

연어를 입에 문 곰

난이도

쉽다　보통　어렵다

연어를 입에 문 곰을 접으려면 큰 종이가 필요합니다. 35cm 종이를 사용하면 24cm 종이로 그냥 곰을 접었을 때와 크기가 비슷해집니다. 종이가 매우 두툼해지므로 일단 곰 접기를 익히고 나서 도전해 보세요.

시작

연어를 접기 위한 준비

1 종이를 뒤집는다.

2 네 개의 모서리를 가운데 방향으로 접는다.

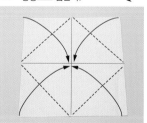

3 접힌 네 군데 중에 한쪽만 접는다.

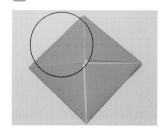

4 토끼 귀 접기의 요령으로 접지만, 중심을 올리지 않고 삼각형으로 눌러 접는다.

확대

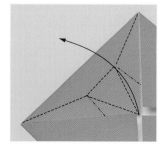

5 연어를 접을 준비 끝.

다음 페이지로→

뒤집는다.

이제부터는 곰 접기
와 과정이 같습니다.

확대

45° 돌리기

7 네 개의 모서리를 가운데
로 접는다.

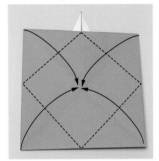

8 ○을 토끼 귀 접기로 접는다.

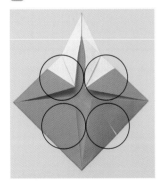

9 이어서 곰 접기의 1 ~ 26
을 참고.

이쪽이 머리

곰 완성!

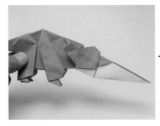

확대

13 입 부분은 접어서 빼낸
연어 부분도 포함해서
계단 접기 한다.

축소

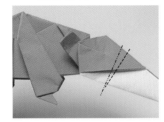

12

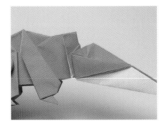

11 귀를 접는 방법도 같지만, 종이가
두꺼워지므로 주의한다.

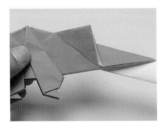

10 곰 접기의 26번 과정까지 끝낸 모습.

연어를 접는 방법입니다
(실제보다 큰 종이로 접었습니다).

14 코끝이 조금 가려지도록 밖으
로 뒤집어 접는다.

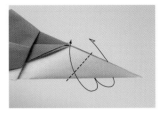

15 산 접기 선을 따라 안으로
접어 넣는다.

16

이 부분을 안으로
접어 넣는다.

17 뒤집는다.

18 연어의 머리를 접어
작게 만든다.

꼬리지느러미

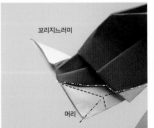

머리

▶

21 계단 접기 부분을 펼친 상태

22 화살표 방향으로 종이를 잡아 뺀다.

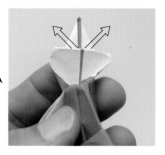

29 - 2 위에서 본 모습

23

20 꼬리지느러미가 바깥쪽에
오도록 계단 접기 한다. 90° 돌리기

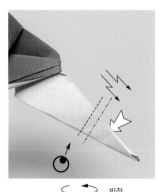

반전

24

29 뒤에서 본 모습.

19 연어의 머리 완성

꼬리지느러미

머리

25 꼬리지느러미는 그대로 두고,
몸통만 비틀어서 눌러 접는다.

꼬리지느러미

28 연어의 꼬리지느러미 완성

18 - 2 보조선을 확실하게 만든 후
접는다.

26 뒤쪽으로 접어 꼬리의 모양을
다듬는다.

27 먼저 접은 쪽의 모양에 맞춰서
다른 쪽도 접는다.

MINIATURE PIG

미니어처 돼지

난이도   쉽다   보통   어렵다

미니어처 돼지를 접는 방법은 치와와의 **11**번 과정에서 시작하므로 p.26을 참고하세요.

시작

1 ○부분의 토끼 귀 접기를 일단 펼친다.

확대

2 그림과 같이 보조선을 만들어 그대로 눌러 접는다.

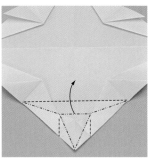

3 맞은편도 같은 방법으로 접는다.

축소

6 반대쪽 뒷다리도 같은 방법으로 눌러 접는다.

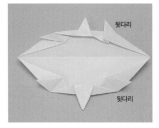

뒷다리
뒷다리

5 위로 세운 후 앞다리 쪽으로 눌러 접는다.

앞다리   뒷다리
귀
머리   꼬리
귀   뒷다리
앞다리

4 잡아 빼서 위로 세운다.

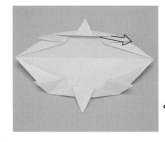

7 귀가 될 부분을 잡아 빼서 세운다.

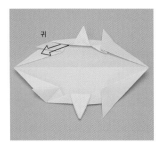

귀

8 세운 후 머리 쪽으로 눌러 접는다(반대쪽도 접는다).

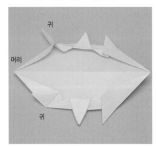

귀
머리
귀

9 반으로 접는다.

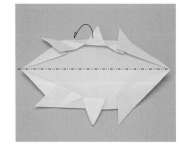

10

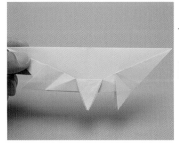

확대

14 뒤쪽으로 접어 넣는다(반대쪽도 접는다).

15

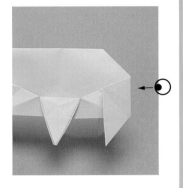

22 꼬리 완성

13 선을 따라서 안으로 넣어 접는다.

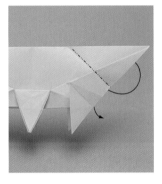

16 꼬리를 접기 위해 양옆으로 펼친다.

21 엉덩이의 균형을 맞춘다.

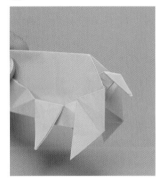

12 확실하게 선을 만든 후 되돌린다.

17 그림과 같이 보조선을 만들어 눌러 접는다.

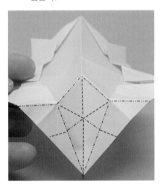

20 꼬리 끝을 밖으로 뒤집어 접는다.

11 꼬리와 뒷다리 끝을 맞춰 접어 보조선을 만든다.

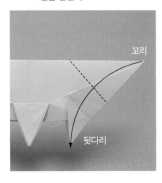

18

19 꼬리를 가운데로 밀어 넣듯이 눌러 접는다.

23 귀의 시작 부분에서 안으로
넣어 접기를 한다.

24 안으로 넣어 접은 부분을 조금
벌리고, 이를 위에서 본다.

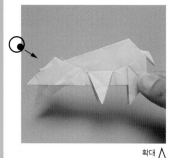

확대

25 얼굴을 벌려 밖으로 뒤집어 접
기를 하기 위해 그림과 같이 보
조선을 만든다.

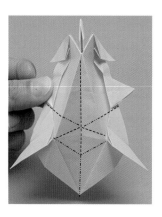

25 - 2 보조선을 만든 상태

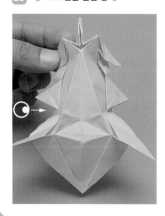

28 뒤로 접어 넣는다
(반대쪽 귀도 접는다).

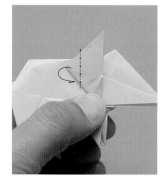

27 귀를 세운다
(반대쪽 귀도 세운다).

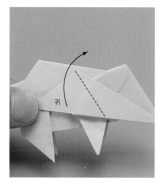

26 - 2

26 선을 따라서 눌러 접는다.

29 코는 안으로 넣어 접기를 2회 한다.

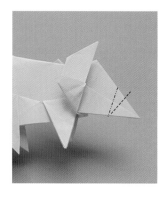

30 접힌 부분을 조금 잡아 뺀다.

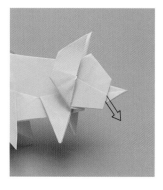

31 코끝을 조금 안으로 넣어 접는다.

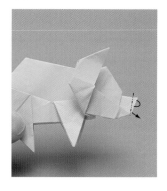

완성

KOALA

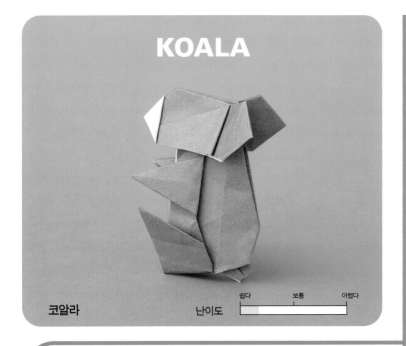

코알라

난이도

쉽다　　　보통　　　어렵다

코알라를 접는 방법은 미니어처 돼지의 **10**번 과정에서 시작하므로 p.054를 참고하세요.

코알라를 접는 방법은 미니어처 돼지의 **10**번 과정에서 시작하므로 p.054를 참고하세요.

시작

1 안으로 넣어 접기 2회를 하여 꼬리를 만든다.

※ 귀 부분은 미니어처 돼지와 다르게 앞다리 쪽으로 접어 둡니다.

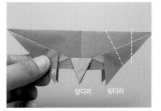

2 꼬리의 끝을 안으로 접어 넣어 짧게 만든다.

3 미니어처 돼지와 같은 방법으로 안으로 넣어 접는다.

4 엉덩이 끝을 안쪽으로 밀어 넣는다.

6 - 2

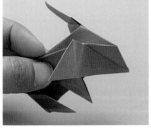

6 - 3

축소

6 보조선을 만들어 밖으로 뒤집어 접는다.

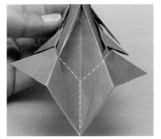

5 안으로 넣어 접은 부분을 조금 펼치면서 위에서 본다.

확대

7 귀는 안으로 넣어 접고, 코는 밖으로 뒤집어 접는다.

8 전체적인 균형을 잡는다.

완성

POLAR BEAR

북극곰

난이도

쉽다　보통　어렵다

북극곰을 접는 방법은 곰의 ⑧번 과정에서 시작하므로 p.048을 참고하세요.

※사진에서는 알아보기 쉽도록 회색 종이를 사용했습니다.

시작

1 뒷다리와 꼬리 부분을 세운다. 치와와의 22~24 참고.

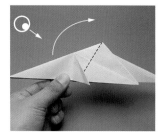

1 - 2 위에서 본 중간 과정

2 A를 B에 끼워 넣듯이 A를 뒤로 돌린다.

위에서 본 모습

4 안으로 넣어 접기 2회로 꼬리를 내린다.

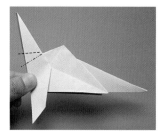

3 뒷다리의 앞부분을 뒤로 접는다.

꼬리

뒷다리

5 안으로 넣어 접기로 꼬리를 짧게 만든다.

6 안으로 넣어 접기 2회로 뒷다리의 발끝을 만든다. 앞다리를 접기 위해 ABC의 각도가 같도록 보조선을 만든다.

확대

C B A

7 한가운데 선을 이용해서 화살표 방향으로 접는다.

8 펼쳐서 눌러 접는다.

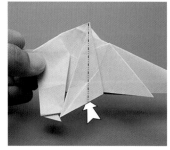

축소

12 앞다리의 발끝은 안으로 넣어 접기 2회 한다.

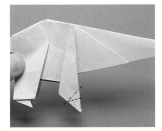

13 접힌 부분을 잡아 뺀다 (반대쪽도 마찬가지).

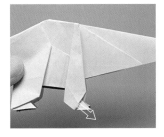

11 튀어나온 부분은 목의 선에 맞춰서 뒤로 접어 넣는다.

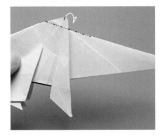

14 화살표 방향으로 뒤로 접는다(반 대쪽도 접는다).

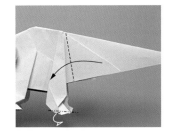

21 전체적으로 균형을 잡는다.

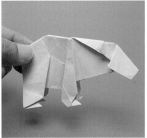

축소

10 - 3

15 선을 따라 머리 쪽으로 접는다.

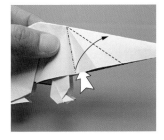

20 입은 안으로 넣어 접어 끝을 짧게 한다.

10 - 2

16 그림의 선을 따라 접는다.

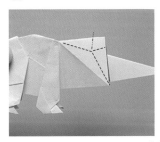

19 머리가 바깥쪽으로 나오도록 각도를 달리하여 계단 접기 한다.

10 목과 머리 부분을 아래의 선까지 들어 올리기 위해 윗부분을 눌러 넣는다.

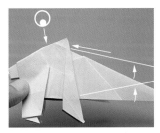

확대

17 귀는 잡아 뺀 부분을 뒤로 접어 넣어 감춘다.

축소

18 반대쪽 귀도 같은 방법으로 접는다.

9 뒤로 산 접기 한다.

PENGUIN

펭귄   난이도   쉽다   보통   어렵다

1 대각선으로 반을 접는다.

2

중심선

확대   45° 돌리기

3

4 뒤집는다.

---

7 날개를 화살표 방향으로 펼친다.
꼬리는 선대로 접어 세운다.

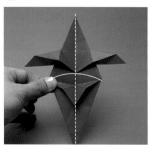

날개   날개

꼬리

180° 돌리기

6

5 펼쳐 세우면서 마름모꼴
로 접는다.   축소

8 반으로 접는다.

---

9 머리 부분을 펼치면서 보조선을
만든다.

확대

9 - **2** 펼친 부분의 보조선은 이런
모양이 된다.

축소

10 머리 부분을 보조선에 따라 눌러
접은 후 점선이 있는 덮인 부분을
접어 올린다.

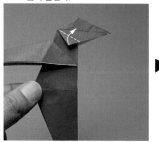

▶

13 - 3 비스듬히 옆에서 본 모습

축소 ▷

14 튀어나온 부분을 안으로 접는다.

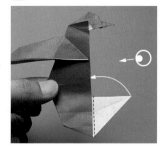

13 - 2 밑에서 본 모습

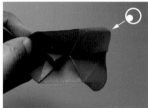

14 - 2 비스듬히 앞에서 본 모습

21 전체적으로 균형을 잡는다.

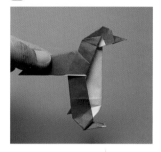

13 보조선을 만든 후 한가운데 를 펼치면서 안으로 넣어 접는다. 확대 ⬆

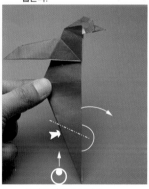

15 옆부분을 안으로 접어 넣어 하얀 배를 드러낸다(반대쪽도 접는다).

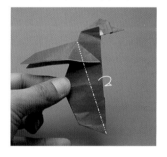

20 양쪽 발끝을 계단 접기 한다.

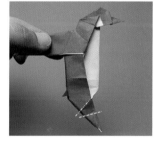

12 부리를 안쪽으로 계단 접기 한다. 축소 ⬆

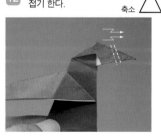

16 다리의 선을 따라서 한가운데 튀어 나온 부분을 안으로 넣어 접는다.

19 꼬리에서 발끝까지 안으로 접는다 (반대쪽도 접는다).

11 머리 아랫부분을 안으로 접어 넣는다(반대쪽도 접는다).

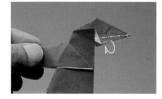

17 안으로 접어 넣는다 (반대쪽으로 접는다).

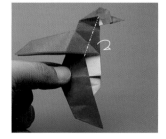

18 엉덩이선을 안으로 접는다 (반대쪽도 접는다).

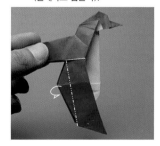

ELEPHANT

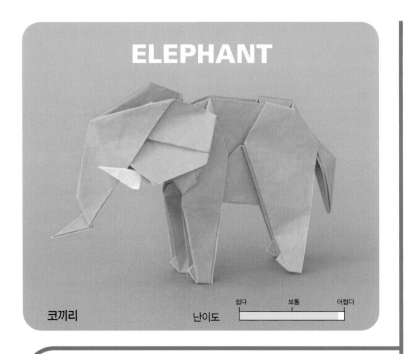

코끼리

난이도

| 쉽다 | 보통 | 어렵다 |

코끼리를 접는 방법은 치와와의 **10**번 과정에서 시작하므로 p.026을 참고하세요.

p.026을 참고하세요.

시작

1 토끼 귀 접기 부분을 두 군데 펼친다.

2 그림과 같이 보조선을 만들어서 눌러 접는다(다른 한쪽도 접는다).

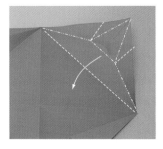

3 삼각형 부분만 토끼 귀 접기를 한다(다른 한쪽도 접는다).

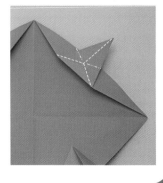

6 보조선을 만든다.

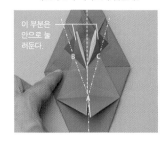

5 그림과 같이 좌우 모두 토끼 귀 접기를 한다.

4 뒤집는다.

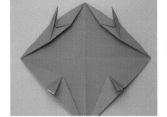

축소

7 A를 중심으로 **6**에서 만든 선 위에 B와 C가 지나도록 접는다.

이 부분은 안으로 눌러둔다.

8 접은 상태

뒤집는다.

9 선을 따라 깨끗하게 눌러 접는다.

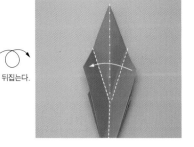

10 접은 선을 확실하게 만들고 꼬리와 뒷다리를 세우기 위해 펼친다.

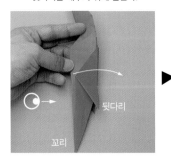

뒷다리

꼬리

다음 페이지로→

12 - 2

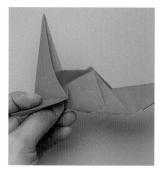

13 뒷다리에 그림처럼 보조선을 만든다 (반대쪽도 만든다).

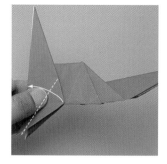

17 꼬리 끝을 밖으로 뒤집어 접는다.

13에서 접은 부분만 다리 사이에 접혀 있다.

12 A를 B에 끼우듯이 A를 되돌린다.

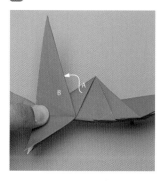

14 13에서 접은 부분을 다리 사이로 접어 넣기 위해 아래의 표시한 부분을 펼친다.

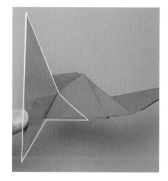

16 - 4 배 부분도 원래대로 접고, 다른 한쪽 다리도 14~16의 방법으로 접는다.

비스듬히 위에서 본 과정 사진

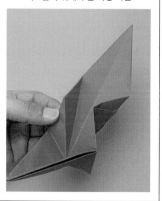

15 안이 보이도록 펼친다.

16 - 3 원래의 보조선에 맞춰서 눌러 접는다(반대쪽도 접는다).

11 그림의 보조선을 따라 꼬리 부분을 세운다.

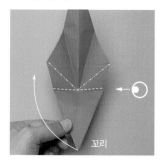

꼬리

16 그림처럼 보조선을 바꾸어 그대로 눌러 접는다.

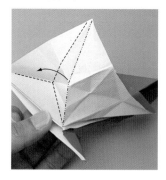

16 - 2

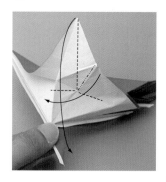

18 다른 두 개의 각도로 안으로 넣어
접기 2회 한다.

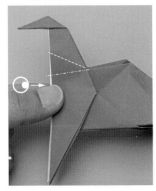

18 - 2

19 펼쳐 꼬리를 안으로 밀어 넣는다.

19 - 2

21 종이를 돌려 뒷다리의 발끝을 접을
준비를 한다.

뒤에서 본 모습

20 엉덩이의 모양을 정리한다.

19 - 3

22 화살표에 손을 넣어 발끝을 펼친다.

23 보조선을 만들어 뒤로
접어 넣는다.

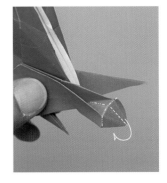

24 다른 한쪽도 같은 방법으로 접는다.

25 양쪽이 나란하도록 정돈한다.

축소

다음 페이지로→

29 머리가 안쪽에 오도록 계단 접기한다.

29 - 2

35

28 그림처럼 앞다리에서 끝을 세운다.

90° 돌리기

29 - 3

34 뒤에서 보면 뒷다리와는 다른 종이가 겹쳐져 있다. 겹친 종이는 바깥쪽으로 밀어놓고 눌러 접는다.

27 다리의 방향이 맞도록 화살표 방향으로 눌러 접는다(반대쪽도 접는다).

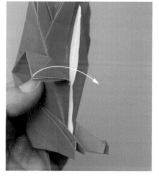

30 계단 접기로 겹친 부분을 뒤로 접는다.

33 앞에서 본 모습

확대

26 그림처럼 밖을 향해 접는다.

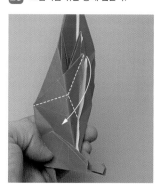

31 어깨 부분을 뒤로 접어 넣는다.

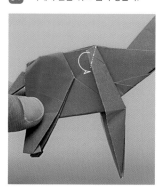

32 뒷다리의 발끝은 접었던 방법으로 앞다리의 발끝을 접는다.

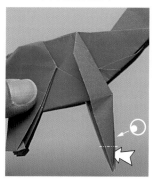

35 (앞 페이지에 이어서)

36 다른 한쪽도 같은 방법으로 접는다.

축소 ▽

37 네 다리의 균형을 맞춘다.

확대 ▽

38 상아가 될 부분을 접어 내린다.

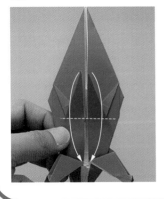

42 중심에서 가볍게 접는다.

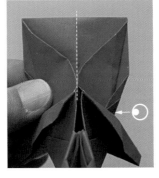

41 앞다리의 시작 부분에서 상아의 시작 부분까지 보조선에 맞춰 눌러 접는다.

40 앞다리의 시작 부분에 그림과 같이 보조선을 만든다.

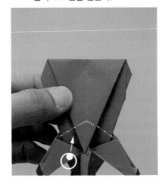

39 코끝을 상아에 맞춰서 접어 내린다.

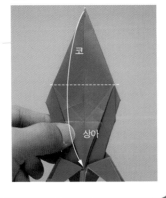

코

상아

42 - 2

42 - 3

43 머리 부분은 그림과 같이 선을 따라서 입체적으로 접는다.

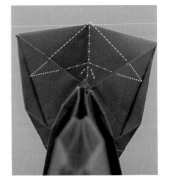

43 - 2 입체적으로 접은 모습이다.

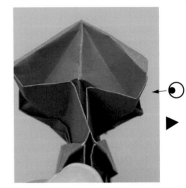

45 안에 감춰진 상아를 아래로 뺀다 (반대쪽도 아래로 뺀다).

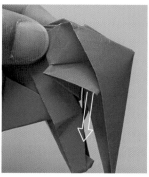

46 그림과 같이 안으로 넣어 접기를 하여 상아를 하얗게 바꾼다.

코의 모양을 바꿔봐요!

코끼리의 코는 재주꾼입니다. 다양한 모양으로 바꿔보세요!

안으로 넣어 접기

안으로 넣어 접기+밖으로 뒤집어 접기

44 - 2

앞에서 본 중간 과정

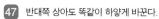

44 머리 부분에 가려진 귀의 아랫부분을 접어 내린다.

47 반대쪽 상아도 똑같이 하얗게 바꾼다.

완성

43 - 3 옆에서 본 모습

48 코끝은 다른 각도로 안으로 넣어 접기 2회를 한다.

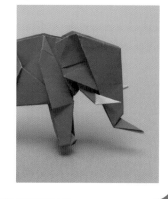

49 전체적으로 균형을 잡는다.

RHINOCEROS

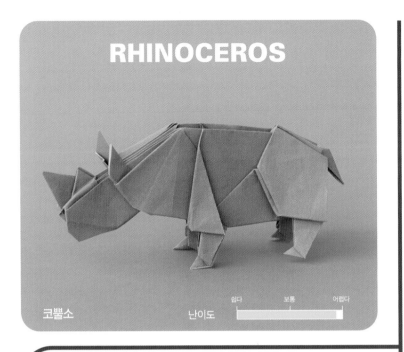

코뿔소

난이도   쉽다   보통   어렵다

코끼리를 접는 방법은 치와 와의 28번 과정에서 시작하므로 p.026을 참고하세요. 이때 주의할 점은 18번에서 더 깊은 각도로 접어야 합니다. 21~26번 과정은 생략합니다.

시작

1 안으로 넣어 접은 부분을 되돌린다.

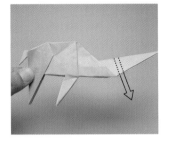

2 머리가 안쪽에 들어가도록 각도를 달리하여 계단 접기를 한다.

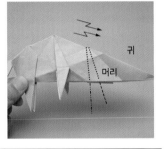

3 머리의 각도에 맞춰서 뒤로 접어 귀를 세운다.

4 점선을 따라 뒤쪽으로 접어 넣어 귀의 모양을 정리한다.

계단 접기를 한 후 앞에서 본 모습

계단 접기 과정을 밑에 본 모습

5 각도를 달리한 계단 접기로 머리를 들어 올린다.

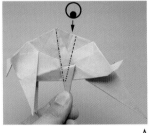

6 몸에 머리를 밀어 넣듯이 등을 수평으로 맞추고, 벌어지지 않도록 안에 겹친 부분을 비스듬하게 접어 넣는다.

확대

7 겹친 부분을 접어 넣은 상태

8 앞다리를 위로 올려서 배 쪽에 튀어 나온 부분을 몸쪽으로 밀어 넣는다.

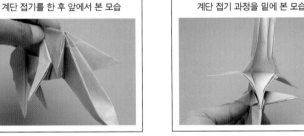

확대

90° 돌리기

다음 페이지로→

펼쳐진 상태

13 보조선을 만들어 양쪽 모두 펼친다.

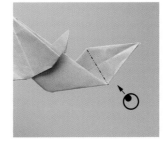

20 발을 접기 위해 끝을 펼친다.
확대

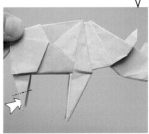

12 위의 한 장을 펼쳐서 접는다
(반대쪽도 접는다). 축소

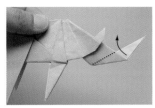

14 접어 내린다.

19 - 2 몸의 바깥쪽으로
종이를 밀어놓은
후 계단 접기 한다.

180° 돌리기

11 뿔이 될 부분을 안으로 넣어 접는다.

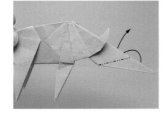

15 점선에 맞춰 안으로 다시 넣어
접는다.

19 뒷다리의 발끝이 안쪽에
오도록 계단 접기 한다.
180° 돌리기

10 점선 부분을 뒤쪽으로 접어 넣는다
(반대쪽도 접어 넣는다).

18 앞에 튀어나온 부분을 안으로
접는다(뒤쪽도 접는다).

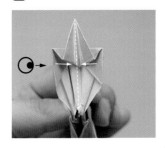

9 밀어 넣을 때는 중심이
아닌, 좌우 어느 한 쪽
에 맞춰서 밀어 넣는다.
90° 돌리기

축소

16 접힌 부분을 아래로 잡아 뺀다.

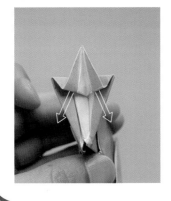

17 중심에 맞춰서 접는다. 축소

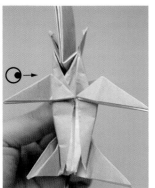

21 발끝을 펼친 후 비스듬하게 앞으로 접는다.

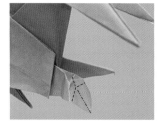

21 - 2

22 반대쪽 뒷발도 같은 방법으로 접는다.

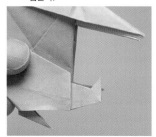

축소

23 뒷다리와 같은 방법으로 앞다리도 접는다.

90° 돌리기

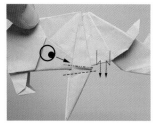

23 - 2

26 앞다리의 끝을 펼쳐 뒷다리와 같은 방법으로 접는다.

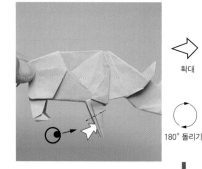

확대

180° 돌리기

25 반대쪽 다리도 같은 방법으로 접는다.

축소

24 화살표 방향으로 잡아 당겨 눌러 접는다.

겹친 부분이 없어지도록 잡아당긴다.

23 - 3

90° 돌리기

27 뒤쪽에서 보면 뒷다리와는 다른 종이가 겹쳐져 있다. 겹친 종이를 바깥쪽으로 밀어놓고 눌러 접는다.

28 뒷다리와 같은 방법으로 발끝을 접는다.

축소

29 전체적으로 균형을 잡는다.

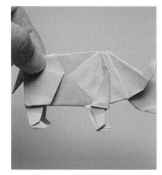

완성

GIRAFFE

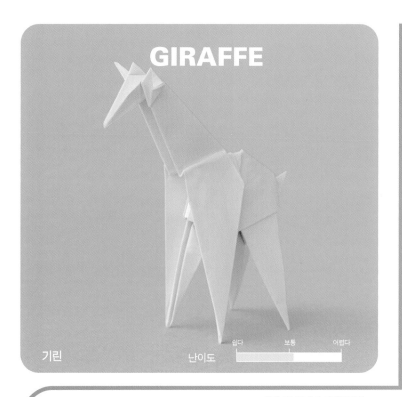

기린

난이도 쉽다 보통 어렵다

1 중심에 보조선을 만든다.

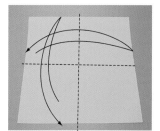

2 가운데 방향으로 좌우에서 접는다.

확대 ▽

3 네 개의 모서리를 안으로 넣어 접는다.

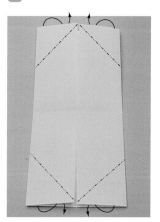

5 앞의 한 장을 중심선을 향해 위에서 아래로 접는다.

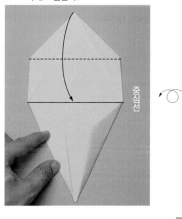

중접선

4 표시된 중심선에서 아랫부분의 양쪽 가장자리를 뒤로 접어 넘긴다.

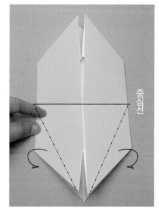

중접선

6 점선을 따라 뒤쪽으로 접는다.

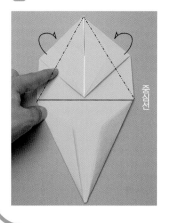

중접선

7 양쪽 뒷다리가 될 부분을 비스듬하게 계단 접기 한다.

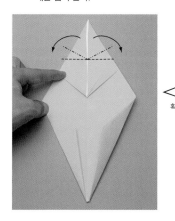

확대 ▷

8 뒷다리를 덮듯이 아래서 위로 접어 올린다.

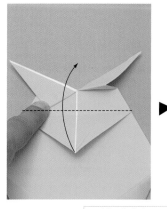

▶

다음 페이지로→

9 옆으로 돌린다.

축소 ▽ 90° 돌리기 ↻

10 그림의 검은 선과 같이 보조선을 만들고 종이를 세운다.

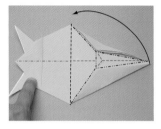

11 반으로 눌러 접는다 (**10**의 빨간 선 참고).

확대 ▽

12 A를 B의 위치까지 산 접기 하여 C에 끼운다.

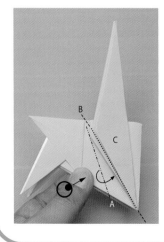

13 - 2

확대 △

13 끝에 튀어나온 부분은 양쪽 모두 바깥으로 계곡접기 한 후 위쪽 모서리를 삼각형으로 눌러 접는다.

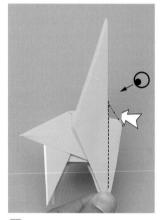

12 - 3

12 - 2

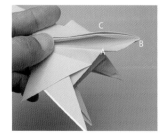

13 - 3

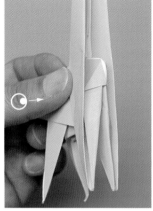

축소 ▽

14 꼬리는 안으로 넣어 접기 2회 한다.

15 머리가 안쪽에 들어가도록 계단 접기 하여 목의 각도를 비스듬히 한다.

▷ 축소

▶

18 젖힌 후 바깥쪽으로 접는다
(반대쪽도 접는다).

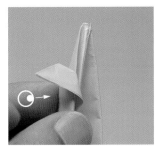

17 바나나의 껍질을 벗기듯이 한 장
을 뒤로 젖힌다.

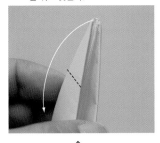

확대

16 어깨에서 머리끝까지 네 등분해 가볍
게 보조선을 만든다. 이 가운데 위쪽
의 4/1 부분이 머리다.

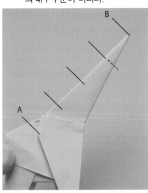

계단 접기 과정을 위에서 본 모습

19 귀가 될 부분을 토끼 귀 접기로
접는다(반대쪽도 접는다).

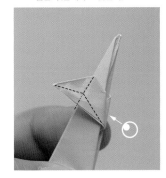

20

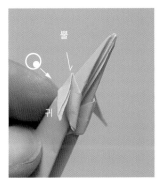

21 머리의 뒷부분을 양옆으로 벌린다.

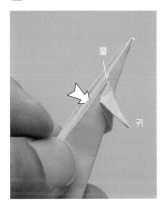

22 귀의 뒤쪽에서 보조선을 만든다.

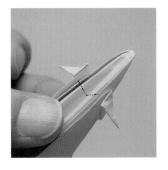

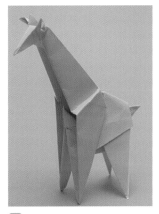

25 균형을 잡는다.

24 귀를 접어 올려 안을 살짝 벌려준
다(반대쪽도 접어 올려 벌린다).

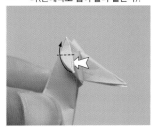

23 - 2

23 넣어 접기의 방법으로 머리를 접
는다.

LION

사자

난이도 쉽다 보통 어렵다

사자를 접는 방법은 치와와의 10번 과정에서 시작하므로 p.026을 참고하세요. 사자는 양면종이를 사용합니다.

시작

1 이렇게 놓으면 살구색이 몸이 된다.

2 치와와의 10번 과정까지 마친 상태에서 위아래를 중심을 향해 접는다.

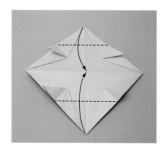

3 p.054의 돼지와 같은 방법으로 접는다(반대쪽도 접는다).

6 감춰져 있는 부분을 화살표 방향으로 잡아 뺀다. 8번 과정까지는 치와와의 17~20 참고.

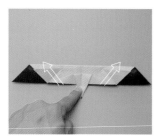

5 반으로 접는다(반대쪽도 접는다).

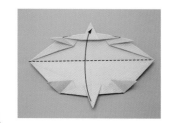

7

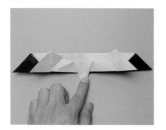

4 반으로 접는다.

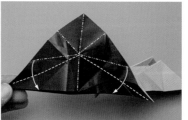

8 왼쪽의 접힌 부분을 펼친다.

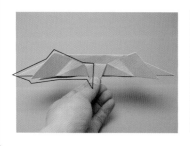

9 갈기 부분의 보조선을 바꾸어서 선을 따라 접는다(반대쪽도 접는다).

10 완전히 다 접기 전에 보는 방향을 바꾼다.

90° 돌리기

▶

⇨ 확대

다음 페이지로→

비스듬히 앞에서 본 모습

축소

12 - 2

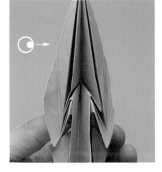

12 양면의 갈기 부분을 접어 내린다.

11 좌우를 집어준다는 느낌으로 접는다.

13

14 표시된 살구색 부분을 검은색으로 바꾸기 위해 일단 되돌린다.

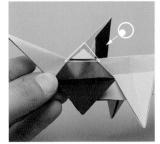

확대

15 뒤덮듯이 화살표 방향으로 접는다.

축소

16 그림과 같이 보조선을 따라 안으로 눌러 접는다.

18 내려 접는다.

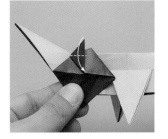

17 귀가 될 부분을 위로 세운다.

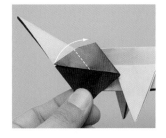

15 와 같은 방향에서 본 모습

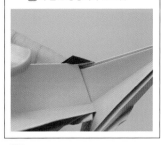

16 - 3

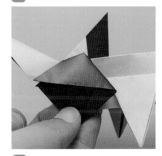

16 - 2

18 (앞 페이지에 이어서)
내려 접는다.

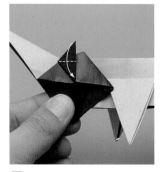

19 펼쳐서 눌러 접는다.

20 화살표 방향으로 접어 넘겨서 한쪽
귀를 완성한다(반대쪽도 접는다).

21 코가 될 부분이 바깥쪽에 오도록
다른 각도로 계단 접기 한다.

22 - 4

22 - 3 보조선에 맞춰서 접는다.

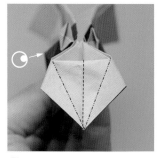

22 - 2

22 코끝을 벌린다.

21 - 2 가운데에 있는 종이는 좌우 어느
한 쪽으로 밀어둔다.

22 - 5

23 아래에 튀어나온 부분을 안으로
접어 넣는다.

24 얼굴 완성

25 등을 가지런하게 접는다.

▶

다음 페이지로→

29 머리를 올린 후 반으로 접는다.

30 머리가 앞 다리의 바깥쪽에 오도록 각도를 바꿔서 계단 접기 한다.

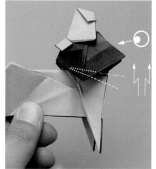

90° 돌리기

35 아래에서 위로 접어 올린다.

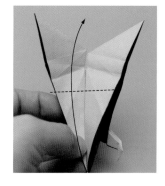

28 앞다리를 반으로 접으면서 머리를 올린다.

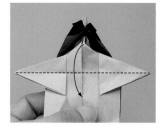

30 - 2

34 위에서 아래로 접어 내린다.

27 한가운데에 있는 종이를 좌우 어느 한 쪽으로 밀어둔다.

31 앞다리의 발끝은 밖으로 뒤집어 접는다(반대쪽도 접는다).

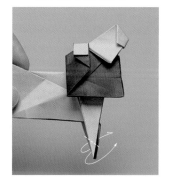

33 가운데에 있는 종이를 좌우 어느 한 쪽으로 밀어둔다.

26 아랫부분을 납작하게 벌린다.

32 이제 꼬리와 뒷다리를 접는다. 치와와의 29~30 참고.

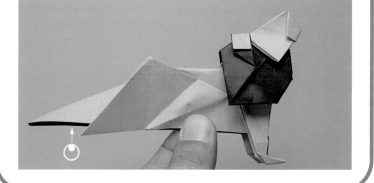

35 (앞 페이지에 이어서)
아래에서 위로 접어 올린다.

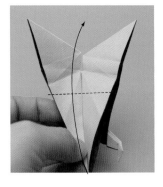

41 - 2 반대쪽도 같은 방법으로 접는다.

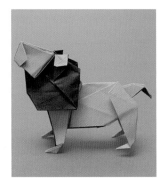

완성

36 확실하게 맞대어 접는다.

41 보조선을 바꿔서 접는다.

37 뒷다리를 접어 내린다
(반대쪽도 접어 내린다). 90° 돌리기

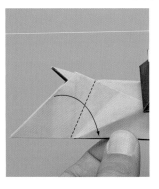

40 배의 뒤쪽을 사선으로 접어 날씬
하게 만든다.

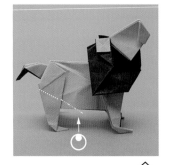

38 뒤로 접어 넣어 다리를 가늘게
한다(반대쪽도 접는다).

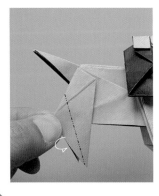

39 발끝을 안으로 넣어 접는다. 축소

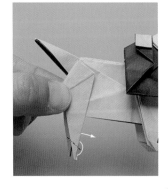

WOLF

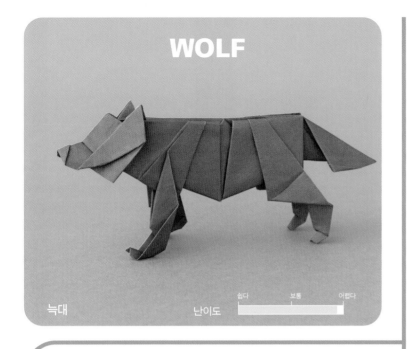

늘대 난이도 [쉽다 보통 어렵다]

1 뒤집는다.

2 가운데에 보조선을 만든다.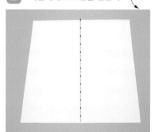

3 보조선에 맞춰서 양옆을 접는다.

4 네 개의 모서리를 안으로 넣어 접는다.

확대

5 그림과 같이 보조선을 만든다.

중앙접선

확대

6 뒤집는다.

7 보조선을 따라 눌러 접는다.

8 가운데를 향해 접는다. 확대

중앙접선

9 위로 펼친다.

10 펼치면서 양쪽의 중심 부분을 사진과 같이 좌우대칭으로 눌러 접는다.
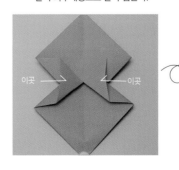

이곳 → ← 이곳

11 위쪽의 앞 한 장만 좌우 모두 접어 내린다.
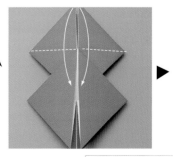

▶

다음 페이지로→

12 두 군데를 토끼 귀 접기로 세운다.

13 점선만큼만 접어 올린다.

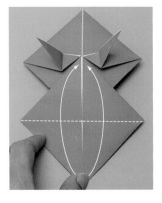

14 두 군데를 토끼 귀 접기로 일으켜
세운다.

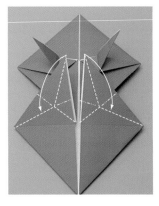

15 반으로 접는다.

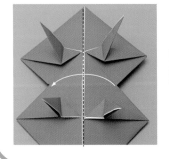

축소

16 그림의 선을 따라 접는다
(반대쪽도 접는다).

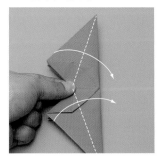

17 축소   90° 돌리기

18 뒤로 접어 넘겨 한가운데의 주머니
에 끼운다(반대쪽도 접는다).

여기에 주머니가 만들어져 있다.

19

확대

20 밑에서 펼친 모습을 뒤에서 본다.

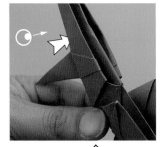

21 엉덩이가 될 부분을 접어 내린다.

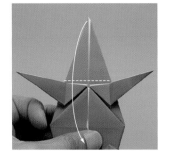

22 한가운데를 벌린다.

23 그 상태로 위로 접어 올린다.

24 반으로 접는다.

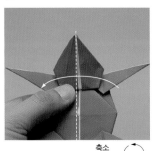

축소   90° 돌리기

25 보조선을 만든다.

28 - 2

29 머리를 접기 위해 먼저 펼친다.

접힌 이 부분도 편다.

33 - 4

28 중심을 향해 가볍게 보조선을 만든다.

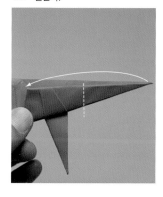

30 뒤쪽에서 가운데를 벌린다.

33 - 3 밑에서 본 모습

확대

27 뒷다리와 각도가 다르게 사선으로 가볍게 접는다.

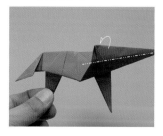

31 안쪽으로 넣어 접기의 방법으로 접는다.

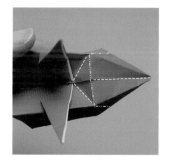

33 - 2 비스듬히 위에서 본 모습

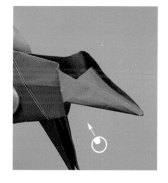

33 코끝을 내리면서 점선을 따라 접는다.

26 꼬리를 아래쪽으로 눌러 접는다.

32 이런 모양이 된다.

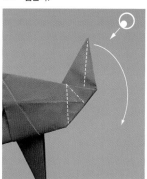

34 윗부분을 뒤로 접으면서 귀 부분만 위로 세운다. A는 중앙의 주머니에 끼워 넣는다(반대쪽도 접는다).

확대 ⬇

34 - 2

34 - 3

축소 ⬇

34 - 4

35 입이 안쪽으로 들어가도록 각도를 달리하여 계단 접기 한다.

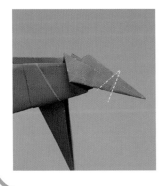

39 아래쪽에서 종이를 마름모꼴로 잡아 벌린다.

38 확대 ⬆

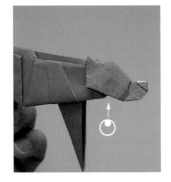

37 코끝은 밖으로 뒤집어 접는다.

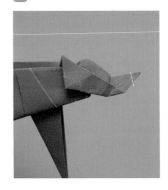

36 계단 접기로 겹쳐진 옆 부분을 잡아 뺀다.

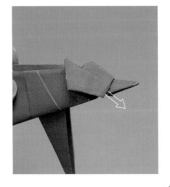

40 벌어진 부분을 맞대어 반으로 접는다.

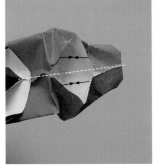

41 앞다리의 윗부분에 안으로 접혀 들어간 부분을 천천히 잡아 뺀다. 축소 ⬇

42 앞다리를 밖으로 뒤집어 접는다.

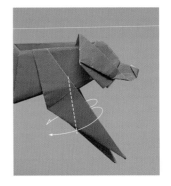

43 다시 반대 방향으로 뒤집어 접는다.

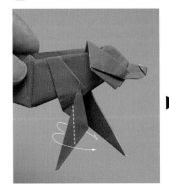

▶

47 앞다리 완성
(좌우의 각도가 달라도 좋다)

48 뒷다리의 접혀 들어간 부분을
천천히 잡아 뺀다.

46 반대쪽도 같은 방법으로 접는다.

49 안으로 넣어 접기 2회 한다

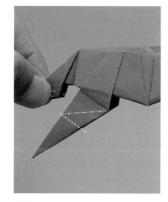

52 반대쪽도 같은 방법으로
접는다.

축소

45 발톱 부분을 안으로 넣어 접는다.

49 - 2

51 발톱 부분도 안으로 넣어 접는다.

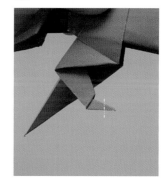

44 발끝을 안으로 넣어 접는다.

50 발끝도 안으로 넣어 접기 2회 한다.

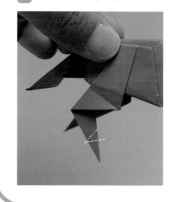

50 - 2

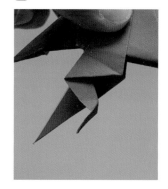

ARMADILLO

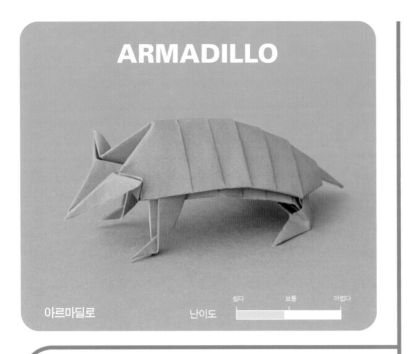

아르마딜로

난이도 쉽다 보통 어렵다

1 뒤집는다

2 중심에 보조선을 만든다.

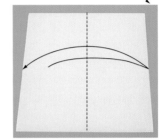

3 양옆을 중심에 맞춰서 접는다.

4 네 모서리를 중심에 맞춰 앞으로 접는다.

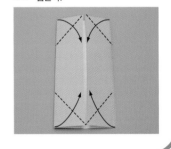

7 다시 모두 펼친다.

6 위아래를 반으로 접는다.

5 양옆을 중심에 맞춰서 접는다.

8 점선을 따라 산 접기와 계곡 접기를 반복한다.

9 보조선을 그림과 같이 만든다.

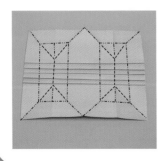

10 선을 따라 천천히 접는다.

11 깨끗하게 접어 뒤집는다.

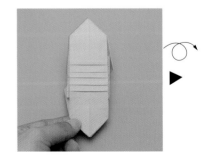

다음 페이지로→

반대쪽에서 본 모습

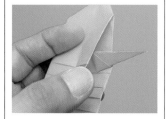

14 앞다리를 뒤로 접어 가늘게 만든다.

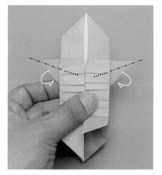

13 그림과 같이 양옆을 몸 안으로 접어 넣는다.

12 앞다리를 머리 쪽으로 넘긴다.

확대

머리
앞다리
뒷다리
꼬리

14 - 2

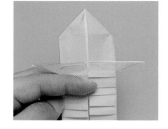

15 양쪽 뒷다리를 접는다.

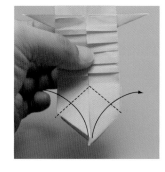

16 뒷다리를 위로 접어 올린다.

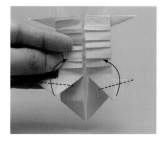

17 다시 한 번 접어 올린다.

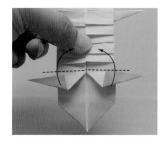

18 꼬리는 계단 접기 한다.

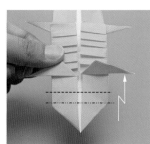

20 뒷다리를 아래로 되돌린다.

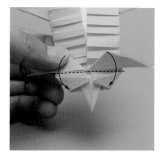

19 - 3

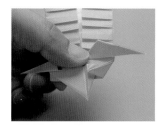

19 - 2

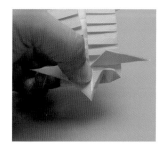

19 꼬리의 양옆을 선을 따라 접는다.

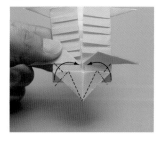

21 앞다리는 안으로 넣어 접고, 뒷다리는 계단 접기를 한다.

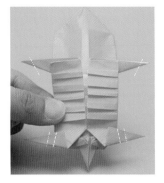

22

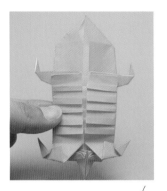

23

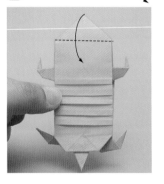

24 접힌 부분을 따라 보조선을 만든 후 되돌린다.

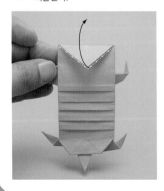

27 - 3

27 - 2 27-2 위에서 본 모습

27 귀를 뒤로 빼면서 점선대로 눌러 접는다.

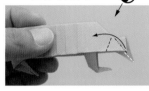

26 아래쪽으로 다시 안으로 넣어 접는다.

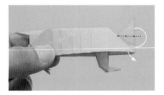

25 다시 머리를 안으로 넣어 접으면서 위로 올린다.

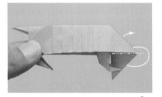

25 몸통을 반으로 접으면서 머리를 안으로 넣어 접는다. 90° 돌리기

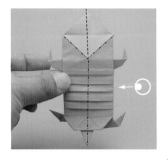

28 반대쪽도 같은 방법으로 접는다.

앞에서 본 모습

29 몸을 둥글게 만든다.

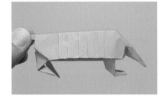

29 - 2 두 손으로 양옆을 쥐고 등이 볼록해지도록 당긴다.

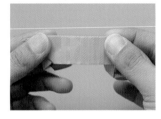

29 - 3 어느 정도 당긴 후 균형을 잡는다.

완성

GOOSE

거위

난이도 쉽다 | 보통 | 어렵다

시작

1 대각선과 네 변의 6/1 지점에 보조선을 만든다.

2 한쪽 모서리를 안으로 접는다.

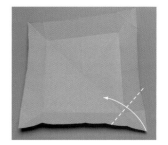

확대

4 세워 접은 세 곳을 펼쳐서 눌러 접는다.

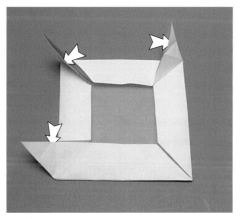

3 나머지 세 변의 6/1 지점과 대각선이 만나는 곳에 모서리를 세워 접는다.

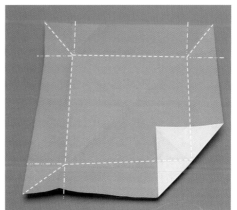

5 A는 말아 올리듯이 접고, B와 C는 마름모꼴로 펼쳐 중심을 맞춰 눌러 접는다.

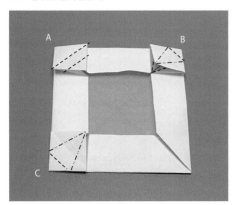

6 B와 C의 색깔을 바꾼다.

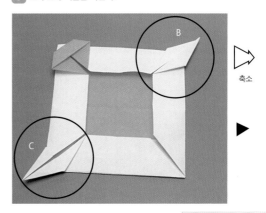

축소

다음 페이지로→

6 - 2 B를 펼친다.

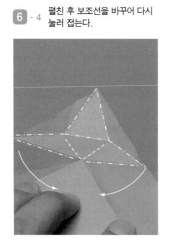

확대 ▽

6 - 3

6 - 4 펼친 후 보조선을 바꾸어 다시
눌러 접는다.

6 - 5

9 부리 부분인 A를 위로 벌린다.

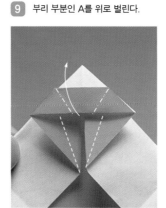

확대 △

8 C와 B의 색이 바뀐 상태

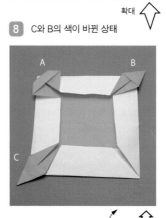

7 C도 같은 방법으로
접는다.

축소 △

6 - 6

10 중심을 지나쳐 눌러 접는다.

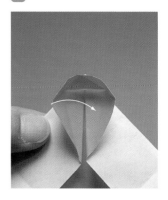

11 반대쪽도 같은 방법으로 접는다.

12 부리 완성

축소 ▽

13 반으로 접는다.

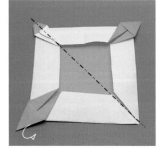

45° 돌리기

▶

17 다른 한쪽도 같은 방법으로 접는다.

축소

18 꼬리가 될 부분을 안으로 넣어 접어 올린다.

16 - 2

확대

16 안쪽 접힌 부분을 잡아 빼듯이 다리를 밖으로 뒤집어 접는다.

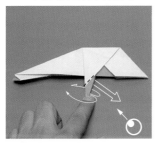

15 다리가 될 부분을 점선대로 접어 몸에 수직이 되도록 한다.

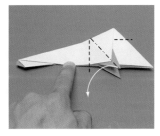

14 각도가 반이 되도록 접는다.

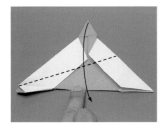

19 다시 안으로 넣어 접기 2회 한다.

꼬리

20 꼬리 완성

21 안으로 넣어 접기로 목을 세운다.

22 다시 안으로 넣어 접는다.

25 전체적으로 균형을 잡는다.

24 부리를 아래쪽으로 내리고 튀어나온 목의 앞부분을 접는다.

밑에서 본 모습

23 머리를 접는다.

SQUIRREL

다람쥐

난이도 쉽다 보통 어렵다

1 대각선으로 보조선을 만들고서
좌우를 중심을 향해 접는다.

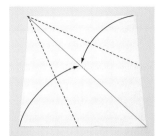

2

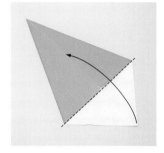

5 선을 만든 후 다시 종이를 모두 편다.

확대

4 2 에서 접은 삼각형을 따라 전체에
보조선을 만든다.

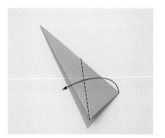

3 반으로 접는다.

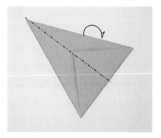

6 보조선을 아래와 같이 바꾸어 눌러 접는다.

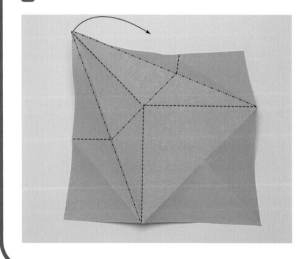

7 보조선에 맞춰 접는다.

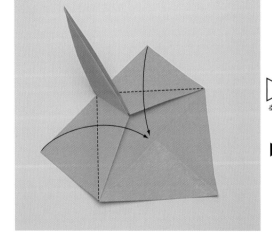

축소

11 화살표 방향으로 펼쳐서 눌러 접는다.

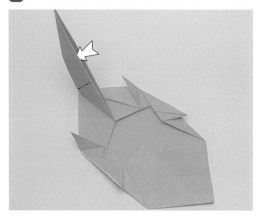

10 접은 부분을 다시 토끼 귀 접기 한다.

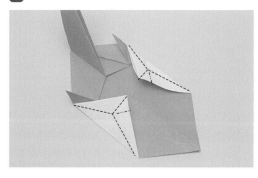

9 중심에 맞춰서 양옆을 안으로 접는다.

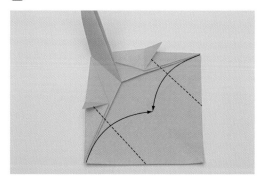

8 두 곳을 토끼 귀 접기로 접는다.

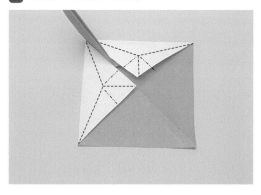

12 양옆은 중심을 향해 접는다.

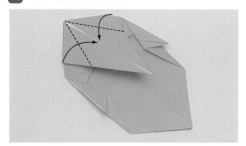

13 반으로 접는다.

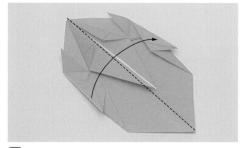

14 다시 반으로 접어 내린다(반대쪽은 반대편으로 접어 내린다).

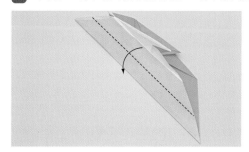

15 접힌 부분을 잡아 뺀다(반대쪽도 잡아 뺀다).

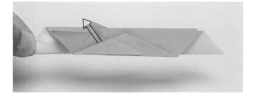

16 빼낸 부분을 앞으로 접는다(반대쪽도 접는다).

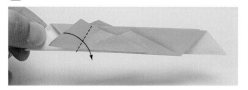

17 접힌 몸을 펼친다(반대쪽도 펼친다).

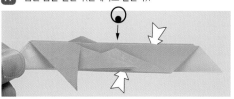

다음 페이지로→

18 꼬리를 반대편으로 당겨 접으면서 왼쪽의 큰 삼각형이 뒤로 넘어가게 한다.

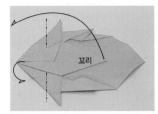

꼬리

19 꼬리의 모양을 따라 보조선을 만들어 반으로 접어 포갠다.

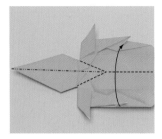

20 다시 반으로 접어 내린다(반대쪽도 접는다).

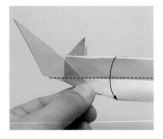

21 머리가 될 부분을 앞다리 쪽에서 일으켜 세운다.

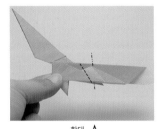

확대

세우는 과정을 위에서 본 모습

24 - 2

24 펼쳤으면 반으로 접는다.

보조선이 있는 곳

23 머리끝에서 발끝의 중간 지점에 보조선을 만들고, 머리 부분을 펼친다.

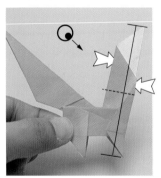

22 안쪽의 한 장만 반대쪽으로 접으면서 끼워 넣는다.

25 안으로 넣어 접는다.

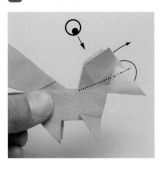

26 위에서 본 보조선의 모습이다.

26 - 2

27 펼치면서 위에서 본다.

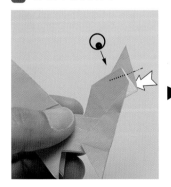

▶

31 귀 뒤쪽을 접어 넣는다.

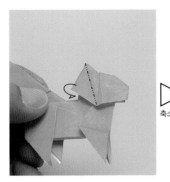

축소

32

30 코끝은 안으로 넣어 접는다.

33 꼬리를 벌려 중심에 접혀 있는 부분을 펼친다.

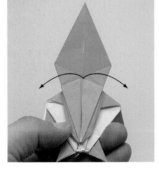

37 전체적으로 균형을 잡는다.

29 귀 뒤에서 손을 넣어 접는다.

34 펼친 후 접었던 선을 따라 안으로 넣어 접는다.

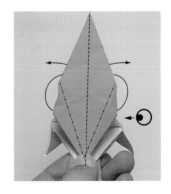

36 - 2

28 펼치면 그림과 같은 보조선이 만들어 지도록, 밖으로 뒤집어 접기 방법으로 접는다(머리 위쪽이 움푹 들어가도록).

귀

얼굴

귀

35 꼬리를 밖으로 뒤집어 접는다.

36 펼쳐서 밖으로 뒤집어 접는 방법으로 꼬리를 비스듬하게 접는다.

ORIGAMI PET PARK 093

MOUSE

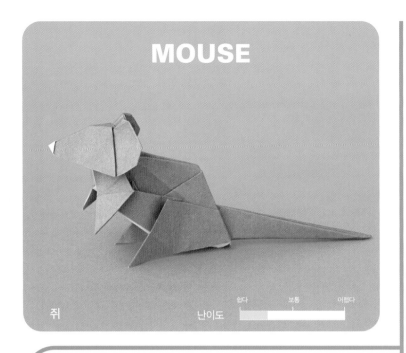

쥐

난이도
쉽다　보통　어렵다

쥐를 접는 방법은 다람쥐의
11번 과정에서 시작하므로
p.090을 참고하세요.

시작

1 겹친 부분을 잡아 뺀다.

2 잡아 뺀 부분을 앞으로 접는다.

3 화살표 부분을 펼쳐서 눌러 접는다.

6 꼬리가 될 부분을 토끼 귀 접기로 세워 올려 꼬리가 될 부분을 만든다.

5 다시 앞으로 접는다.

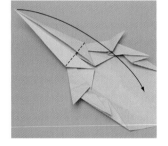

4 펼쳐서 마름모꼴로 눌러 접는다.

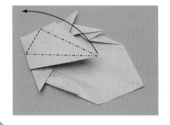

7 네 등분하여 균등하게 보조선을 만든다.

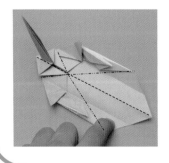

8 그림과 같이 보조선을 만든다.

9 그림의 보조선을 따라 포개어 접는다.

10 머리가 될 부분을 세운다.

확대

13 그림의 선을 따라 안으로 넣어
접는다.

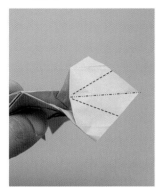

12 코끝에서 앞다리 끝을 반으로 접어
보조선을 만든 후 펼친다.

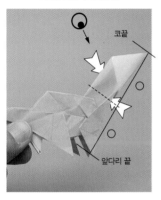

코끝

앞다리 끝

11 굵은 점선 부분만 위로 올려
접는다(반대쪽도 접는다).

10 - 2

13 - 2

14 얼굴이 될 부분을 펼친다.

15 밖으로 뒤집어 접기의 방법으로
포개어 접는다.

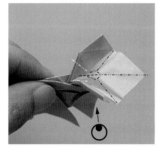

16 코끝을 밖으로 뒤집어 접고,
귀의 모양을 정리한다.

17 머리 완성

19 전체적으로 균형을 잡는다.

18 - 3

축소

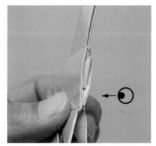

18 - 2

18 몸에서 튀어나온 부분
을 안으로 접어 넣는다.
90° 돌리기

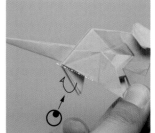

TURTLE

거북이

난이도   쉽다   보통   어렵다

거북이를 접는 방법은 다람쥐의 **7**번 과정에서 시작하므로 p.090을 참고하세요. 거북이는 양면종이를 사용합니다.

시작

1 펼쳐서 눌러 접는다.

2 표시한 부분의 색을 바꾸기 위해 일단 전부 펼친다.

3 펼쳤으면 뒤집는다.

 축소

화대

4 보조선을 바꾸고서 그대로 접어 나간다.

축소

5 **4**를 접은 상태. 반대쪽도 같은 방법으로 접고 뒤집는다.

6 색이 바뀌었으면 본래의 선에 맞춰서 접는다.

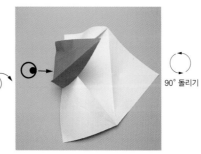

90° 돌리기

7

90° 돌리기

11 A는 B에, C는 D에 오도록 접는다.

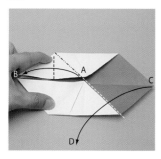

A와 B를 펼쳐서 본 모습

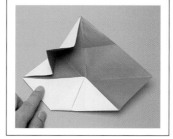

19 중간에 보조선을 만든다.

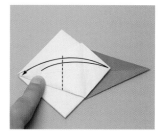

10 왼쪽 두 모서리를 안으로 넣어 접는다.

12 일단 펼쳐서 반대쪽도 같은 방법으로 접는다.

18 마름모꼴을 반으로 접는다.

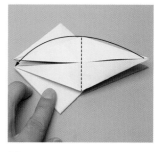

9 중심을 향해 위 아래를 접는다.

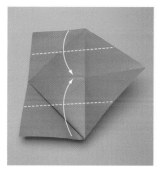

13 보조선을 만든 후 펼친다.

17 마름모꼴로 펼쳐서 눌러 접는다.

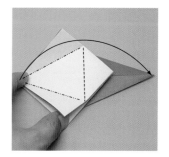

14 그림의 선을 따라 포개어 접는다.

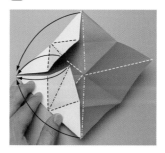

16 - 2

8 뒤집는다.

15 화살표 부분을 펼쳐서 눌러 접는다.

16 중앙에서 맞닿도록 접어 보조선을 만든다.

20 머리의 폭을 임의로 정해 놓고, 보조선이 있는 곳까지 양옆을 뒤쪽으로 접는다.

보조선이 있는 곳

머리의 폭

21 접혀있는 종이의 형태를 따라 아래쪽에 있는 종이에도 그림과 같이 보조선을 만든다.

22 안에 접혀 있던 부분을 화살표 방향으로 잡아 뺀다.

90° 돌리기

23 펼친 후 옆에서 본다.

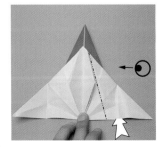

27 세 장을 화살표 방향으로 젖힌다.

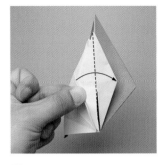

26 펼쳐서 마름모꼴로 접는다.

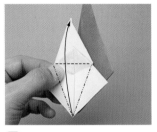

25 화살표 부분을 펼쳐서 눌러 접는다.

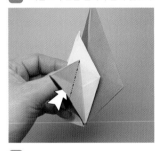

24 - 2

24 보조선에 맞춰서 접어 올린다.

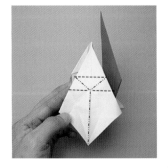

28 왼쪽도 **23**~**27**을 반복한다.

확대

29 양쪽 앞다리를 안으로 넣어 접는다.

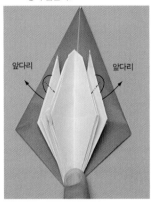

앞다리   앞다리

30 양쪽 뒷다리를 안으로 넣어 접는다.

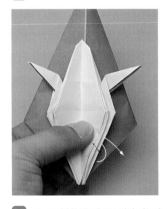

30 - 2 표시 부분을 안으로 넣어 접는다.

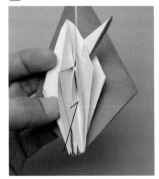

다음 페이지로→

33 다른 한쪽 다리도 접는다. 양쪽 앞다리는 비스듬하게 접고, 목은 계단 접기 한다.

34 목의 계단 접기를 되돌린다.

40 그림처럼 꼬리를 접는다.

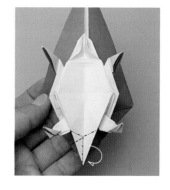

32 발끝을 위쪽으로 올려접는다.

35 아래의 선과 같이 앞의 한 장을 좌우에서 집어 누르듯이 일으켜 세운다.

39 젖힌 후 원래 모양대로 눌러 접는다 (반대쪽도 접는다).

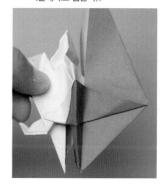

31 뒷다리의 끝을 펼쳐서 눌러 접는다.

36 옆에서 본다.

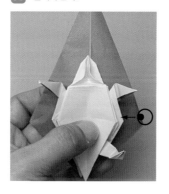

38 - 2

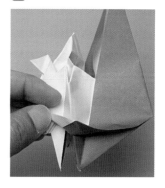

30 - 3

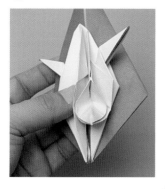

37 젖혀서 벌린다.

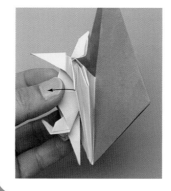

38 밑에서 한 장을 펼쳐 위쪽으로 젖힌 후 눌러 접는다.

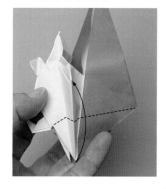

41 꼬리를 다시 한 번 접는다.

뒤에서 본 모습

42 옆에서 본다.

43 앞다리의 끝을 펼친다. 90° 돌리기

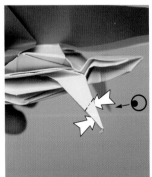

확대

47 뒤집는다.

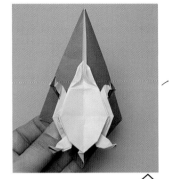

46 다른 한쪽의 앞다리도 같은 방법으로 접는다. 축소

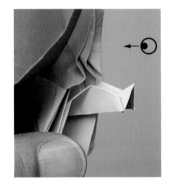

45 안으로 넣어 접기의 방법으로 발끝을 앞으로 접는다.

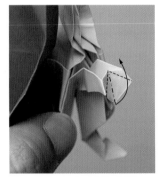

44 그림과 같이 보조선을 만든다.

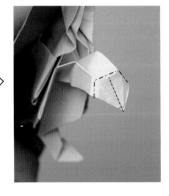

48 등껍질 부분을 반으로 접는다.

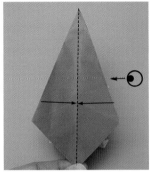

49 그림과 같이 보조선을 만든다. 90° 돌리기

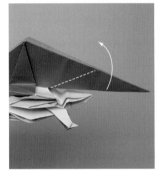

49 - 2 선을 만든 후 되돌린다.

50 등껍질을 펼친다.

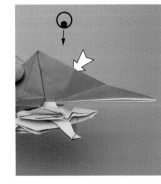

90° 돌리기

54 등껍질의 양쪽 끝을 접어 넣는다.

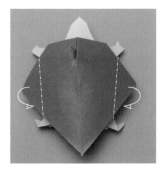

옆에서 본 모습

53 뒤로 접어 넣는다(등껍질에 주름이 많아지지 않도록 주의).

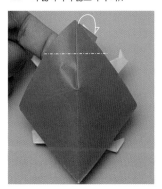

55 등껍질의 뒤쪽은 앞쪽보다 조금 덜 겹쳐야 입체감이 살아난다.

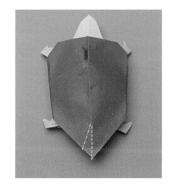

58 전체적으로 균형을 잡는다.

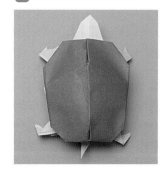

52 뒤로 접어 넣는다.

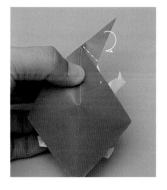

56 뒤로 접어 넣는다.

옆에서 본 모습

51 C 부분이 솟아오르도록 A와 B를 겹친다.

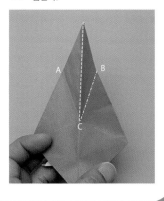

다른 방향에서 본 모습

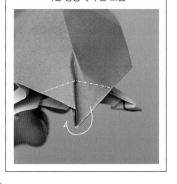

57 뒤로 접어 넣는다.

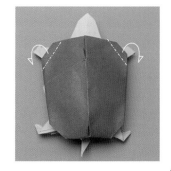

RABBIT

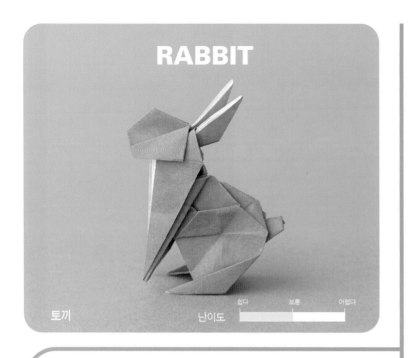

토끼

난이도 쉽다 보통 어렵다

1 뒤집는다.

2 중심에 맞춰서 양쪽을 접는다.

3 중심에 맞춰서 위아래를 접는다.

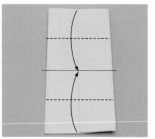

4 펼친다.

5 좌우로 벌리면서 접는다.

6 좌우를 세워 올린다.

7 화살표 부분을 펼쳐서 눌러 접는다.

8 그림과 같이 보조선을 만든다.

9 각각 펼쳐서 마름모꼴로 눌러 접는다.

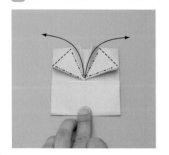

10 아래쪽도 위와 같은 방법으로 접는다.

11 네 곳을 펼친다.

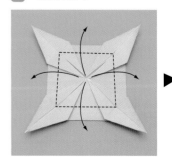

15 네 변의 한 장만 펼친다.

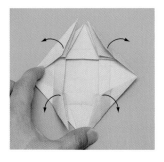

16 뒷다리가 될 부분을 화살표 방향으로 돌린다.

확대 ▽

16 - 2

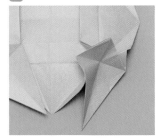

23

반전   90° 돌리기

14 각각 앞뒤로 젖힌다.

17 보조선에 맞춰서 돌렸으면, 그림과 같이 접어 넣는다.

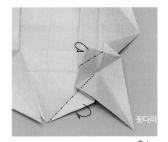

뒷다리

축소 ▽

18 다른 한쪽의 뒷다리도 접는다.

뒷다리   뒷다리

22 앞다리가 될 부분을 접어 내린다.

21 토끼 귀 접기를 한다 (반대쪽도 접는다).

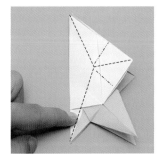

13 네 변을 안쪽으로 접어 넣으면서 모서리를 세워 올린다.

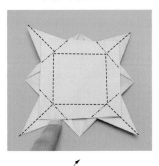

12 뒤집는다.

19 본래의 선에 맞춰서 접는다.

이 방향에 주의

20 화살표 방향으로 반을 접는다.

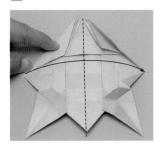

24 앞다리가 될 부분을 접어 내린다.

앞다리

24 - 2

25 A를 되접어 B에 끼운다.

B

A

26 뒷다리의 끝을 비스듬하게 접는다.

30

29 꼬리의 끝도 안으로 넣어 접는다.

28 다른 한쪽 다리도 접는다. 꼬리는 안으로 넣어 접기 2회 한다.

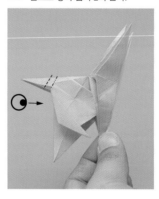

27 점선만큼 뒤로 접는다.

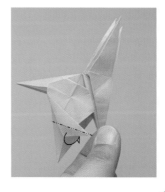

31 귀가 될 부분을 접어 내린다 (반대쪽도 접는다).

32 머리가 될 부분을 벌려서 밖으로 뒤집어 접는다.

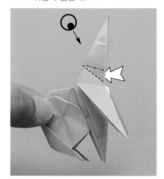

확대

32 - 2

33 머리의 끝 부분은 안으로 넣어 접는다.

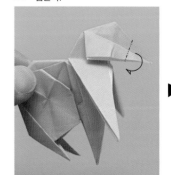

▶

37 만들어진 보조선에 맞춰서 밑에서부터 말아 올리듯이 접어 나간다.

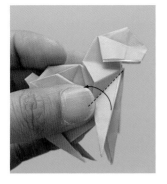

38

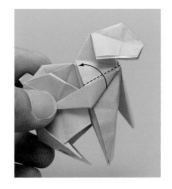

36 여기까지 접은 후 귀 부분을 일단 되돌린다.

39

35 다시 접어 넣는다.

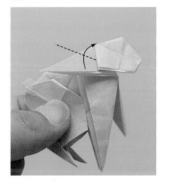

40 반대쪽 귀도 같은 방법으로 접는다.

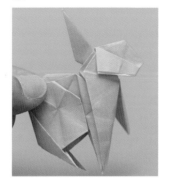

완성

34 머리의 뒤쪽으로 접어 넣는다.

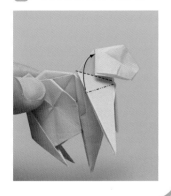

41 양쪽 귀를 조금 벌린다.

42 전체적으로 균형을 잡는다.

CHIMPANZEE

침팬지

난이도 쉽다 보통 어렵다

침팬지를 접는 방법은 토끼의 **14**번 과정에서 시작하므로 p.102를 참고하세요. 침팬지는 양면종이를 사용하지만 설명에서는 단면 색종이를 사용했습니다.

시작

1 두 곳을 펼친다.

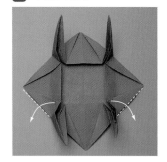

2 그림과 같이 접는다.

3

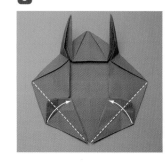

6 방향을 돌린다.

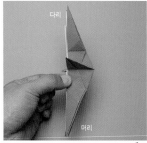

확대 90° 돌리기

7 다리를 접는다.

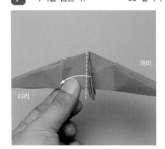

5 토끼 귀 접기를 한다 (반대쪽도 접는다).

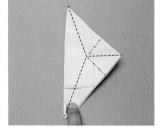

4 화살표 방향으로 반을 접는다.

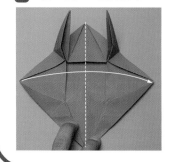

8 팔이 될 부분을 좌우에서 집어 아래의 선과 같이 일으켜 세운다.

확대

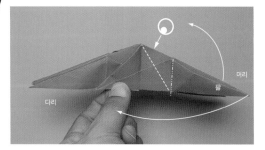

8 - 2

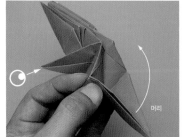

축소

다음 페이지로→

10 - 3 가운데에 있는 종이를 좌우 어느 한 쪽으로 밀어둔다.

확대

10 - 4 아래의 선에서 밖으로 뒤집어 접는다.

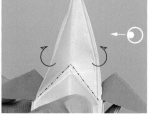

11 몸 안으로 넣어 접는다.

축소

90° 돌리기

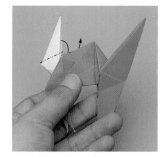

17 귀가 될 부분을 접는다.

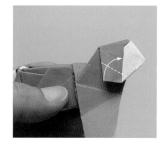

16 뒤로 접어 넣는다.

10 - 2 다리의 시작 부분을 펼치면서 접는다.

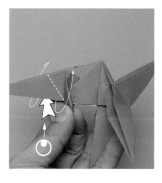

12 뒤로 접어 넣는다 (반대쪽도 접는다).

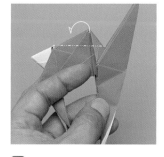

15 밖으로 뒤집어 접는다.

10 엉덩이 부분도 밖으로 뒤집어 접는다.

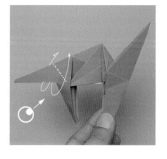

13 보조선을 만든다.

14 - 2

9 다리는 시작 부분에서 밖으로 뒤집어 접는다(다른 한쪽 다리도 접는다).

머리

다리

팔

13 - 2

14 머리가 될 부분을 벌려서 밖으로 뒤집어 접는다.

확대

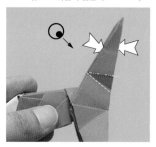

18 머리 완성

19 다리가 될 부분을 밖으로 뒤집어
접는다(다른 한쪽도 접는다).

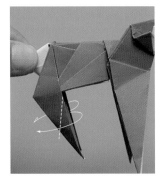

20 발끝을 벌려 안으로 넣어 접는다
(다른 한쪽도 접는다).

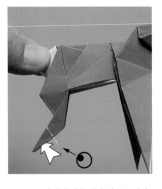

20 - 2 아래의 선을 따라 안으로 넣어
접는다.

밑에서 본 모습

22 밖으로 뒤집듯이 접는다.

21 - 2

21 그림과 같이 양쪽 팔 끝을
접는다.   확대

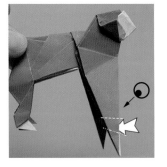

20 - 3 다리 완성

22 - 2

23 손끝을 안으로 넣어 접기 한다.

24 손 완성

다른 방향에서 본 모습

완성

FROG

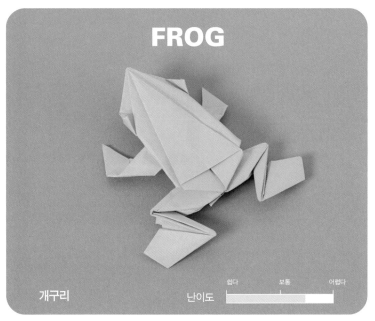

개구리

난이도
쉽다 　보통 　어렵다

1 뒤집는다.

2 반으로 접는다.

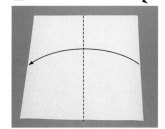

3 반으로 접는다(반대쪽도 접는다).

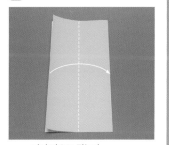

4 다시 반으로 접는다
(반대쪽도 접는다).

7 가로선을 만든 후 펼쳐서 대각선에도
보조선을 만들고 뒤집는다.

8 그림과 같은 보조선을
만들어 선을 따라 접는다.

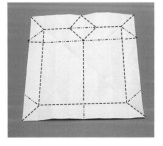

6 세로로 만든 선처럼 가로에도
똑같은 선을 만든다.

5 보조선을 만든 후 펼친다.

9

90° 돌리기

확대

10

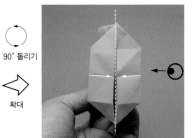

11 보조선을 만든 후 되돌린다.

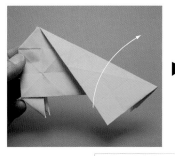

다음 페이지로→

12 보조선을 만든다.

선이 교차하는
이곳을 지나도
록 접는다.

13 선을 따라 접는다
(반대쪽도 접는다).

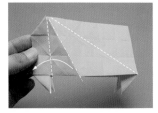

14 안으로 넣어 접는다.

보조선의 세 번째 등분선

위에서 본 모습

보조선의
세 번째 등분선

15

돌리기

19 중심을 향해 접는다.

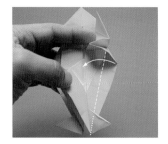

18 화살표 부분을 펼친다.

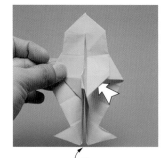

17 뒤집는다.

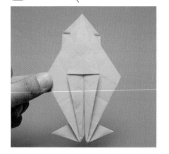

16 - 2 위에서 누르듯이 접는다.

16 A의 각도를 반으로
나누듯이 위가 움푹
들어가게 접는다.

90° 회전

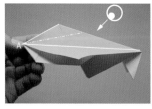

20 반대쪽도 같은 방법으로 접는다.

21 앞다리가 될 부분을 접어 내린다.

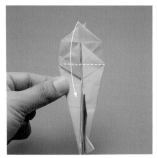

22 확대

23

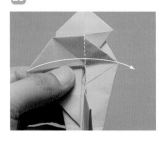

24 앞다리를 펼쳐서 눌러 접는다.

▶

28 뒷다리를 뒤로 접는다.

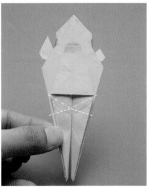

27 뒤집는다. 축소

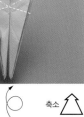

26 다른 한쪽도 같은 방법으로 접는다.

25 눈이 될 A를 뒤로 접고, 앞다리 B를 앞으로 접는다.

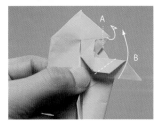

24 - 2

29 몸의 양 옆을 뒤로 접어 넘긴다.

30 뒤집는다.

31 뒷다리를 펼친다.

32 다리를 펼쳐서 그림처럼 눌러 접는다.

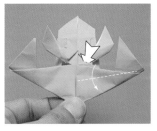

33 다른 한쪽 다리도 같은 방법으로 접는다.

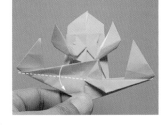

완성

37 전체적으로 균형을 잡는다.

36 펼쳐서 눌러 접는다.

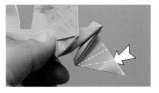

35 - 2 관절을 눌러 넣듯이 접는다.

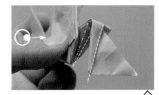

35 다리의 관절을 접는다. 확대

34 뒤집는다.

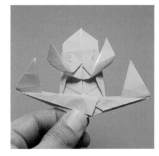

CRAYFISH

가재 난이도 쉽다 보통 어렵다

1 뒤집는다.

2 반으로 접는다.

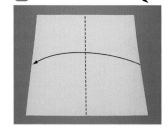

3 위의 한 장만 반으로 접는다.

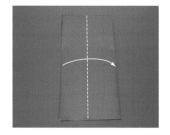

4 다시 반으로 접는다.

5 반대쪽도 같은 방법으로 접는다.

6 접어서 보조선을 만든 후 펼친다.

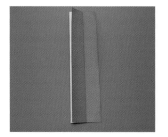

7 세로로 선을 만든 후 가로도 보조선을 만든다.

8 대각선으로 보조선을 만든다.

9 뒤집는다.

10 네 변의 보조선 가운데 한 칸만큼만 모서리를 세운다.

11 세운 네 개의 모서리를 펼쳐서 눌러 접는다.

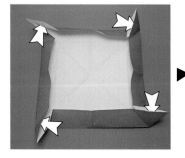

14 - 2

이 부분은 그대로 두고 뒤쪽으로 눌러 접는다.

14 위의 한 장을 펼쳐서 마름모꼴로 눌러 접는다.

45° 돌리기

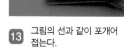

13 그림의 선과 같이 포개어 접는다.

확대

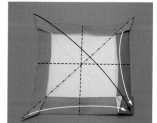

12 - 2 보조선을 만들고서 편다.

12 세 개의 모서리는 중심에 맞춰 접는다.

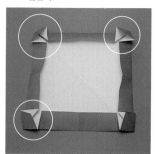

15 뒤집어서 같은 방법으로 접는다.

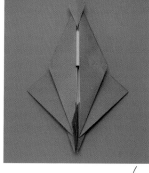

16 뒤집는다.

17 가운데에서 위아래로 포개어 접는다(반대쪽도 접는다).

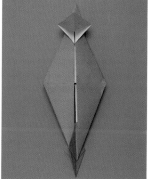

18 중심에 맞춰서 양옆을 접는다.

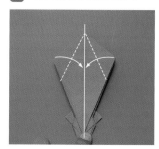

21 - 2

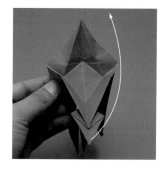

21 그림의 선과 같이 위로 접어 올린다.

20 옆에서 본다.

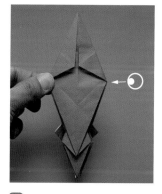

19 뒤로 접어 넘긴다.

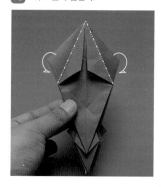

21 - 2 (이전 페이지에 이어서)
위로 눌러 접는다.

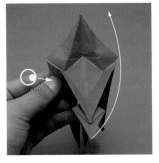

22

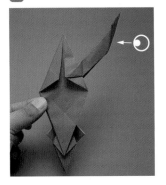

23 표시된 부분을 접는다.

확대 ▽

23 - 1 아래로 접어 내린다.

27 다른 쪽 집게도 같은 방법으로
접는다.

축소 ▷

26 다 접지 않고, 살짝 벌어진 채로
멈춘다.

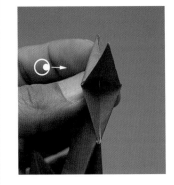

25 위로 접어 올린다.

24 중심을 향해 양옆을 접는다.

28 꼬리가 될 부분을 젖힌다.

이 부분

확대 ▽

29 꼬리가 될 부분을 젖혀서 끝을
펼친다.

30

31

▶

35 몸의 양옆을 뒤로 접어 넘긴다.

36 집게 부분을 접는다.

뒤에서 본 모습

34 산 접기와 계곡 접기를 반복한다.

37 위의 한 장을 화살표 방향으로 접는다.

38 집게 완성(다른 한쪽도 같은 방법 으로 접는다).

33 뒤집는다.

축소   180° 돌리기

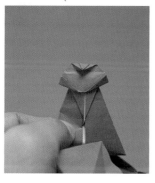

확대

37 - 2

37 - 5

32 세 곳을 접어서 꼬리의 모양을 잡는다.

37 - 3

37 - 4 집게의 시작 부분이 복잡하므로 먼저 이렇게 펼쳐놓은 후 접는다.

39 얼굴이 될 부분을 벌린다.

40 그림의 선만큼 끝을 세운다.

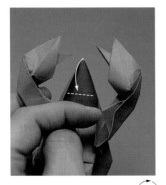

41 중심에서 접으면서 그림의 선대로 접어 올린다.

90° 돌리기

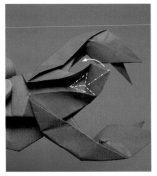

42 안으로 넣어 접는다.

45

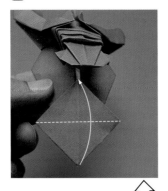

확대

44 꼬리의 아랫부분에서 본다.

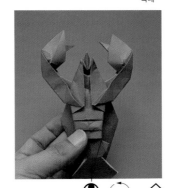

43 안으로 넣어 접는다.

90° 돌리기 축소

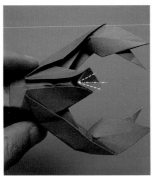

밑에서 본 모습

46 토끼 귀 접기의 요령으로 접는다.

47 뒤집는다.

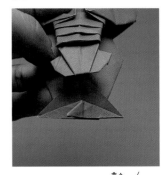

축소

48 계단 접기를 한다.

49 A 부분을 가늘게 만든다.

이곳은 그대로 둔다.

90° 돌리기

확대

51 - 2 펼친다.

51 - 3 그림과 같이 보조선을 만든다.

51 표시된 부분을 접는다.

확대

51 - 4 뒤집으면 접었다 편 선이 이렇게 된다.

53 - 2

50 반대쪽도 접는다.

축소

51 - 5 선을 따라 눌러 접는다.

53 A를 중앙에 끼워 넣는다.

49 - 2

51 - 6 반대쪽도 마찬가지로 접는다.

52 위아래를 맞대어 접는다.

STAG BEETLE

사슴벌레

난이도 쉽다 보통 어렵다

1 뒤집는다.

2 보조선에 맞춰서 접는다 (p.84 참고).

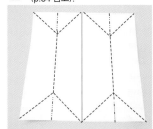

3 보조선을 만든다.

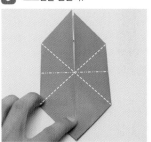

4 보조선에 맞춰서 접는다.

6 - 2

6 위로 펼친다.

7 펼쳐서 눌러 접는다.

5 중심을 향해 접어 내린다.

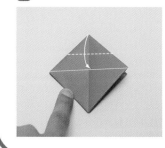

8 위의 한 장을 아래쪽으로 접어 내린다.

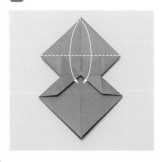

9 토끼 귀 접기의 방법으로 각각 접는다.

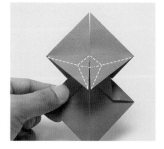

10 위의 한 장을 세운다.

▶

14 끝을 약간 비스듬히 반으로 접는다.

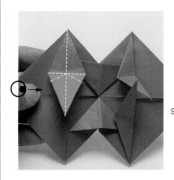

90° 돌리기

15 끝을 밖으로 뒤집어 접는다.

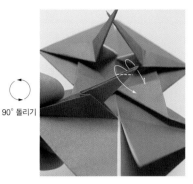

21 위로 접으면서 좌우로 펼친다.

이 부분은 조금 벌려 둔다.

13

16 다른 한쪽도 같은 방법으로 접는다.

20

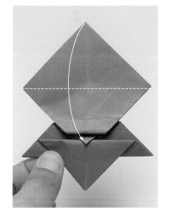

12 그림과 같이 펼치면서 마름모꼴로 접는다.

90° 돌리기

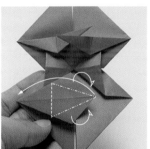

확대

17 뒤집는다.

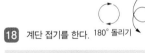

11 펼쳐서 눌러 접는다.

18 계단 접기를 한다. 180° 돌리기

19 계단 접기로 A의 아래에 끼워 넣는다.

A

22 조금만 뒤쪽으로 접는다.

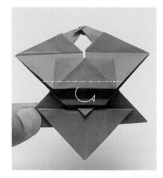

23 뒤집는다.

24 A가 중심에 오도록 접는다.

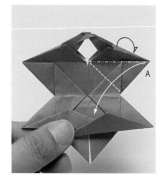

25 다른 한쪽도 같은 방법으로 접는다.

28 그림과 같이 몸의 폭을 정한다.

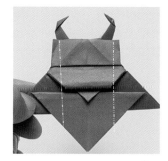

27 - 3 축소

27 - 2 먼저 보조선을 만든 후 밀어 넣는다.

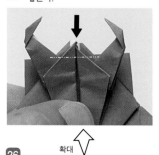

27 그림의 선 윗부분을 안으로 밀어 넣는다.

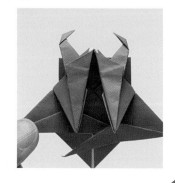

확대

29 그림의 선에서 접는다.

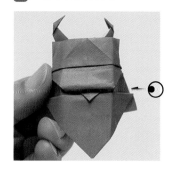

뒤에서 본 모습

30 그림의 선까지 접어 세운다.

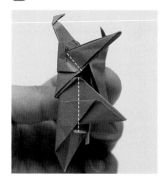

31 가운뎃다리를 접는다.

가운뎃다리

33

32 - 3 뒤집는다.

32 - 2

32 시작 부분을 밖으로 뒤집듯이 뒤로 접는다.

34 접혀 들어간 뒷다리 부분을 잡아 뺀다.

35 비스듬히 아래로 당긴다.

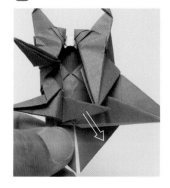

36 바깥쪽으로 접는다.

37 뒷다리의 관절은 각도를 달리하여 계단 접기 한다.

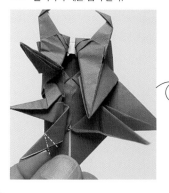

40 전체적으로 균형을 잡는다.

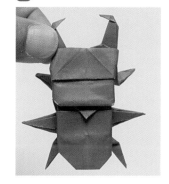

39 엉덩이의 모양을 정리한다.

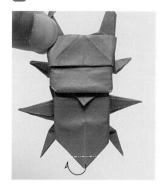

38 다른 한쪽도 30 ~ 37 과 같이 접는다.

RHINOCEROS
BEETLE

장수풍뎅이

난이도 쉽다 보통 어렵다

1 가로, 세로, 사선으로 보조선을 만든다.

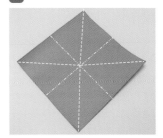

2 양쪽 모서리를 아래의 선대로 접는다.

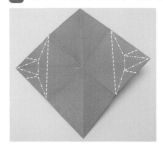

3 토끼 귀 접기를 한다.

4 뒤집는다.

6

중심까지 삼등분하여 접는다.

5 보조선을 따라 포개어 접는다.

7 펼친다.

8 중앙에 접힌 부분을 펼치면서 접는다.

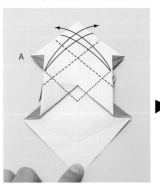

9 A를 하나의 정사각형이라고 가정하고, 그림처럼 보조선을 만든다.

A

▶

다음 페이지로→

11 보조선을 만든다.

12 펼쳐서 마름모꼴로 눌러 접는다.

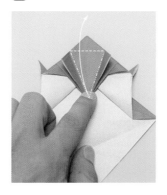

18 가운데에 접혀 있는 뿔이 아래쪽을 향하는지 확인한 후 뒤집는다.

10 선을 만든 후 눌러 접는다.

12 - 2

17 뒤집는다.

90° 돌리기

벌렸을 때의 보조선 모양

이 부분의 정사각형을 반으로 접는다.

9 - 3

13 9~12의 방법으로 접는다.

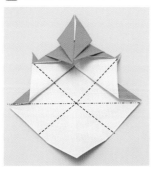

16 반대쪽도 같은 방법으로 접는다.

9 - 2

14

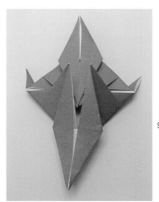

90° 돌리기

15 좌우로 펼치면서 중앙의 윗부분을 안쪽으로 접는다.

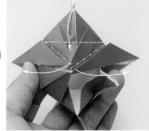

19 앞다리가 될 부분을 접어 올린다.

20 앞다리의 관절은 각도를 약간 다르게 계단 접기 한다.

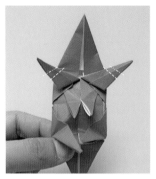

21 가운뎃다리가 될 부분을 옆으로 벌려서 A가 B의 뒤로 들어가게 접는다.

22 가운뎃다리의 관절도 각도를 다르게 계단 접기 한다.

25 뒷다리를 비스듬히 접는다.

24 뒷다리를 접어 올린다.

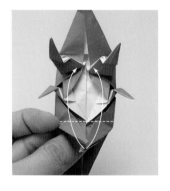

23 반대쪽도 같은 방법으로 접는다.

26 뒷다리의 관절도 각도를 다르게 계단 접기 한다.

27 그림의 선과 같이 눌러 접는다.

28

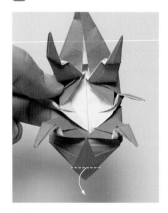

29 A를 중앙의 경계에 끼워 넣는다.

▶

다음 페이지로→

31 뒤집는다.

36 뒤쪽으로 접어 넘긴다.

30 엉덩이의 끝을 접어 올린다.

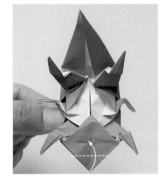

32 계단 접기 한다.

35 - 2

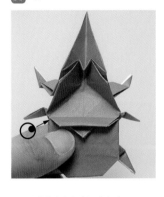

29 - 3

33 보조선을 만든다.

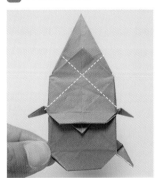

35 머리에서 뿔의 끝까지 반으로 접는다.

29 - 2

33 - 2

34 뒤로 접어 넘긴다.

37 반대쪽으로도 같은 방으로 접는다.

38 뿔의 끝을 뒤쪽으로 펼쳐
눌러 접는다.

45° 돌리기

38 - 2 옆에서 본다.

38 - 3

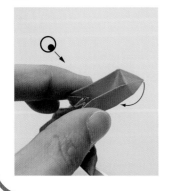

41 뿔의 옆면을 접는다
(반대쪽도 접는다).

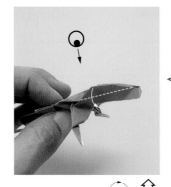

확대

40

90° 돌리기 축소

39 끝을 안으로 접어 넣는다.

38 - 4

41 - 2 뒤쪽에 손가락을 대고 벌리면
쉽게 벌어진다.

41 - 3

42 전체적으로 균형을 잡는다.

완성

DRONE BEETLE

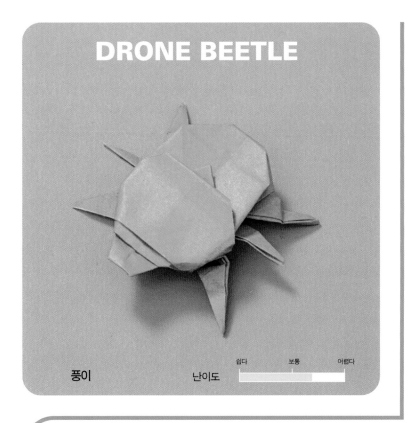

풍이   난이도   쉽다   보통   어렵다

풍이를 접는 방법은 장수풍 뎅이의 **33**번 과정에서 시작 하므로 p.122를 참고하세요. 종이의 크기가 장수풍뎅이보다 작아야 모양이 예쁩니다.

시작

1 작은 종이로 접는다면 다리의 관절은 생략해도 좋다.

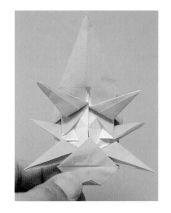

3 계단 접기 한다.

2 - 2 일단 펼쳐서 보조선을 바꾸어 안쪽으로 접어 넣는다.

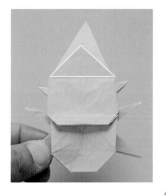

2 표시한 부분을 안으로 밀어 넣는다.

4 뒤로 접어 넘겨 모양을 정리한다.

5 전체적으로 균형을 잡는다.

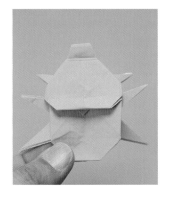

완성

후지모토 무네지(Fuchimoto Muneji)

1967년 나가사키 시에서 태어남. 현재 후쿠오카에서 산다. 그래픽
디자이너와 아트디렉터이며 주식회사 스콧디자인의 대표이사이다.
2005년 당시 유치원에 나니넌 큰아이의 종이접기 놀이를 계기로 창
작 활동을 시작했다. 현재, 동물과 로봇을 중심으로 창작 활동에 열중
하고 있다. 저서로는 〈로봇 종이접기 오리로보〉가 있다.

김현영

수원대학교 중국학과 졸업. 현재 번역 에이전시 (주)엔터스코리아 출판기획 및 일본어 전문 번역가로 활동 중
이다. 역서로는 〈붓펜 일러스트〉, 〈가장 친절한 색연필 일러스트〉, 〈쉽게 배우는 만화 컬러 테크닉〉, 〈쉽게 배
우는 만화 배경·원근법〉, 〈초보자를 위한 BL만화 그리는 방법〉, 〈쉽게 배우는 캐릭터디자인 견본첩〉, 〈쉽게
배우는 귀여운 소녀 그리기〉, 〈쉽게 배우는 만화 캐릭터 데생〉, 〈일상이 즐거워지는 팬시용품 만들기〉, 〈처음
만드는 패브릭 상자〉외 다수가 있다.

1판 1쇄 발행 2025년 1월 15일
1판 1쇄 발행 2025년 1월 15일

저　자 ｜ 후지모토 무네지
역　자 ｜ 김현영
편　집 ｜ 아르고나인
영　업 ｜ 손승현
인　쇄 ｜ 신화프린딩

발행인 ｜ 손호성
펴낸곳 ｜ 봄봄스쿨

등록 ｜ 제 2023-000128호
주소 ｜ 서울시 종로구 사직로8길34.경희궁의 아침 3단지1309호
전화 ｜ 070.7535.2958
팩스 ｜ 0505.220.2958
e-mail ｜ atmark@argo9.com
Home page ｜ http://www.argo9.com

ISBN 979-115895-179-5 13630

※ 값은 책표지에 표시되어 있습니다.